超市攻略

网购与后疫情时代的零售新引擎

孙维维 著

人民东方出版传媒
People's Oriental Publishing & Media
东方出版社
The Oriental Press

图书在版编目（CIP）数据

超市攻略 / 孙维维 著. —北京：东方出版社，2022.10
ISBN 978-7-5207-2851-5

Ⅰ.①超… Ⅱ.①孙… Ⅲ.①超市—商业管理 Ⅳ.①F717.6

中国版本图书馆 CIP 数据核字（2022）第 118506 号

超市攻略
（CHAOSHI GONGLÜE）

作　　者：	孙维维
责任编辑：	申　浩
出　　版：	东方出版社
发　　行：	人民东方出版传媒有限公司
地　　址：	北京市西城区北三环中路 6 号
邮　　编：	100120
印　　刷：	天津兴湘印务有限公司
版　　次：	2022 年 10 月第 1 版
印　　次：	2022 年 10 月第 1 次印刷
开　　本：	880 毫米×1230 毫米　1/32
印　　张：	8.625
字　　数：	180 千字
书　　号：	ISBN 978-7-5207-2851-5
定　　价：	48.00 元

发行电话：(010) 85924663　85924644　85924641

版权所有，违者必究

如有印装质量问题，我社负责调换，请拨打电话：(010) 85924602　85924603

序

　　2020年以来，由于受新冠肺炎疫情和社区团购的影响，线下传统超市遇到了前所未有的门店来客数下降的困局。一般来讲，门店销售额是由来客数和客单价两个因素决定的，而来客数的下降，特别是支撑实体店存活的忠诚顾客群的流失将给超市的生存带来致命的打击。

　　现在顾客为什么不到传统超市购物了？我认为有以下几方面的原因。首先，社区团购的低价冲击使以往作为吸引客流的生鲜三品（果蔬品、畜产品、水产品）的集客力大大弱化；其次，长期建立在以入场费为基础上的盈利模式使超市的商品价格高、新商品上架率低、促销模式单一、购物体验差等问题显现，顾客早已厌烦了这种陈旧而了无生趣的超市；最后，随着水果、肉类、面包等专业店的迅猛发展，超市的主要品类逐渐分化，使市场竞价激化，再加上生鲜电商的低价格和到家服务，顾客逐渐失去了到超市购物的理由。

实际上，很多线下传统超市的管理者早就认识到了不变革就退场这样一个基本的道理，并做了许多尝试和探索。"不是线上经营能力有多强，而是我们线下经营实在太差"已经成为目前国内超市行业内的共识。这两年，河南许昌胖东来成了中国超市行业新的"朝拜圣地"，胖东来的精细化管理、商品力、服务力和体验感被行业称道，精细化管理逐渐成为线下传统超市转型变革、提升竞争力的方向。

精细化管理一直是日本超市经营的精髓。近年来，国内很多超市企业到日本考察学习，但能把日本的经验成功落地的企业少之又少，很多企业在探索把日本经验和中国实际相结合方面遇到了困惑和问题。《超市攻略》一书是由日本专修大学商学博士，现就职于日本东京福祉大学经营福祉专业的年轻讲师孙维维老师写作而成。孙老师在日本生活学习多年，在商学，特别是中日流通零售比较领域有颇多的研究成果。本书出于孙老师多年来积累的对日本超市经营的深入研究，以及对近年来中国超市经营模式变迁的思考，针对日本超市精细化管理在国内超市实际落地中经常遇到的问题，从理论、实际、案例等方面进行了深入的梳理，提出了自己的看法。

近年来，谈论日本超市精细化管理的观点较多，而静下心来理性思考的研究很少。我希望本书能够为有志于把日式精细化管理思想融入中国企业实践的管理者释疑解惑，推动中国传统超市的转型发展。

陈立平
首都经济贸易大学工商管理学院教授
2021 年 12 月

本书的初衷、目的和概要

在 MBA 营销课程教学和企业经营指导过程中，我经常会被学员问到一些他们在日常工作中遇到的问题，比如：

- 竞争对手太多太强了，企业利润率低怎么办？
- 竞争对手价格低廉，打不赢价格战怎么办？
- 网购、社区团购、直播抢走了实体店销售怎么应对？
- 生鲜商品损耗过多怎么控制？
- KPI 公式明白、应用例子明白，拿到日常经营中就不会用了怎么办？
- 各门店销售计划书执行不到位怎么办？
- 销售业绩好的门店和差的门店到底哪里不一样？

……

其实这些问题可以归结为一个原因，那就是缺少**解决问题的方法论**。大多数情况下，我们已经适应了教学式工作，也就是当遇到具体问题时，大家更倾向于询问专家找到答案。但实际上商业竞争和企业经营的问题是千变万化的，更是不存在标准答案的，我们需要的对策和解决问题的方法是需要管理者或管理者团队自身去发掘的。那么在这里，针对超市管理者经常遇到的一些问题，我们从**发现问题**、**解决问题**的角度出发，带领大家理解和掌握这门方法论。

1) **适应环境，了解竞争对手**

当零售环境发生变化的时候，我们要改变环境，如果环境无法改变，那么我们只能改变自己。现今伴随着互联网经济的发展兴起了网购、社区团购、共享经济等，给零售行业带来了很大的冲击，实体店铺线上引流作用甚微，相反面临顾客大量流失、销售额下降等前所未有的危机。在这种情况下，超市企业要做的不是取长补短，而是扬长避短，首先要做的就是了解竞争对手，其中包括线上和线下两部分。线上竞争对手特点是什么、优势是什么、劣势是什么，线上企业的劣势就是实体店铺需要发展强化的地方。关于线下竞争对手，你了解多少？通过市场调查你也许知道对手销售的商品、价格，但你了解对手的商品策略和营销策略吗？谁来告诉你竞争对手的情况？不是市场，不是厂家，是对手自己。

2) **解决问题从发现问题开始**

日常经营中，管理者亟须提升销售业绩，特别是对于销售业绩不佳的商品或门店，业务部和营销部会提出很多对策方案，这些方案到底提升了多少销售额呢？也许很多情况下对策方案并不能有效改善销售状况。究其原因多是药不对症，没有找到问题的真正原因。比如销售业绩低迷的原因可能是商品结构不佳，可能是卖场陈列位置不好，甚至可能是营业时间设置不对等。因此在提出对策方案前，我们必须知道问题出在哪里！如果商品选品本身存在问题的话，即使做再多的促销宣传活动，可能也无法带动销售。所以我们说，解决问题的前提是要知道问题是什么。发现问题是一门技术。影响销售的因素有很多，有些是可以带来短期销售增长的直接因素，有些则是促进销售长期稳定增长的间接因素，两者都是我们需要关注的。在日常工作中通过丰田式5个为什么的方法可以帮助我们找到问题的原因和起点。

3）假说验证的作用

先要找到问题的症结，对症下药。但商业领域不像理工科学，我们无法精准地给出确定答案，因为很多时候我们无法预测市场，也就是顾客心理。就像消费者行为研究者们说的那样，顾客的脑袋是一个黑匣子，他想的和他做的未必一致。即使是这样管理团队制定对策方案时也不是无迹可循，我们找到问题点，针对问题提出一个方案（或假说），然后通过实施和结果来验证这个方案是否成立，如果方案达到预期效果，那么这个方案是可行的，可以继续推广或者类推；相反，如果方案没有达到预期效果，那么就需要进行再调整、重设假说……如此循环，找到最适合的对策方案。

4) 数据提供决策支持

发现问题和解决问题的过程，不是灵光乍现，更多时候我们需要通过数据来发现问题。首先通过评估目标和现状的差异值对其进行指标化分析（定量），针对分析结果和原因讨论、确定对策方案（定性），当然讨论和提案过程中也需要应用科学的逻辑和量化的手段来辅助实施，最后针对对策方案进行结果测评和反馈（定量）。在这里我们使用数据、依靠数据，但也不依赖于数据，因为很多时候好的提案还是基于管理者的逻辑（主观）。我们要做的就是将作为管理团队决策的依据——数据，活用。

以下为了更好地针对超市企业管理者经常遇到的一些疑惑和困扰进行说明，我将以**提升"销售"**为核心，分别从**市场变化、学习效果、发现问题、销售计划和执行、卖场管理、利润管控、顾客关系，以及疫情下的卖场创新等**8个方面进行阐述，同时引入日本超市企业案例和管理工具，希望通过对日本超市经营管理方法的学习，帮助中国超市企业以及管理者自身实现自我突破和成长！

目 录
Contents

第一章 概 述 ··· **001**
01 日本经济成长和零售业态多样化 ············· 004
02 日本超市的兴起和卖场革新 ··················· 009
03 日本超市行业的苦战和面临的问题 ·········· 030

第二章 超市管理层考察学习效果考量 ············ **041**
01 国外考察究竟应该学什么 ······················ 044
02 学习成果应用和业务改善 ······················ 051
03 对 PDCA 业务循环的误解和发现问题的重要性 ··· 056
04 设定合理的目标的作用和目标量化 ··········· 060
05 保持问题意识，了解事情应该发展成的样子 ····· 064

第三章 什么是有效的销售计划书 ··················· **069**
01 销售计划书的目的 ································ 071

I

02　销售计划书的内容设计 ················· 073
03　销售计划书的实施和部门合作 ············· 081
04　销售计划书实例——食品 ················ 090

第四章　卖场管理无标准答案 ················· 109
01　顾客的购买习惯决定商品陈列 ············· 112
02　顾客的使用习惯决定商品陈列 ············· 119
03　"商品应该放在哪里"实验 ··············· 123
04　活用技术工具管控卖场 ················· 128

第五章　关于如何提升利润的讨论 ··············· 137
01　促进销售？控制成本？ ················· 139
02　商品结构≠销售结构≠利润结构 ············ 151
03　如何调整商品结构 ···················· 154

第六章　促销费给谁使用 ···················· 159
01　不服务于所有顾客 ···················· 161
02　你能说出顾客的名字吗？ ················ 169
03　卖场也有性别 ······················· 174

第七章　网购和疫情攻势下的超市攻略 ····· **179**
- 01　竞争对手的画像 ····· **182**
- 02　人无我有，人有我优 ····· **187**
- 03　疫情下零售、服务行业创新事例 ····· **191**

第八章　超市变革的光和影 ····· **199**
- 01　K超市的卖场变革和组织革新 ····· **201**
- 02　八百幸的商品附加价值创造 ····· **224**

后　记 ····· **261**

第一章

概 述

第一章 概　述

近年来，国内超市管理层很热衷于赴国外考察，比如去欧美、日本参观当地的超市、物流中心以及参加一些通用的研修培训。赴日考察中经常会提到的就是，日本超市、食品超市的卖场陈列技术和精细化管理很先进，所以大家来参观、学习，希望从中得到借鉴。这里大家有**两个误解：日本超市做得非常好，网购都干不过实体店；日本超市行业非常成功**。

为什么说是误解呢？日本网购兴起是在实体超市行业已经趋于成熟时出现的，和拥有系统的商品管理、品质管理体系的实体超市相比，食品等商品的互联网销售并没有优势；而中国的网购则是在超市实体店仍处于成长上升期、行业竞争激烈、业态有待完善时出现的，甚至可以说实体超市是和网购共同成长的，在这个过程中因为技术迭代实体超市成长速度自然不如互联网。这才导致现在大家看到的结果，中国实体超市被网购打压，顾客都跑去淘宝或者美团购物了；反观日本超市则是业绩增长，各种推陈出新，而网购则不太受顾客追捧。

此外，日本超市行业成功的同时，也面临着激烈的同业、异业竞争以及高龄化带来的各种问题。针对这些问题，实体超市也在不断地讨论、摸索和试错，这是长期而痛苦的过程，有些业务变革也会受到阻力，所以日本超市并不像大家表面看到的那样光鲜亮丽。

本章，笔者将带领大家全面考察日本零售环境的变化，并了解日本超市行业面临的课题。**日本超市的现状也是中国超市的未来，只有理解了差异才能客观地学习，才能清楚应该学习的到底是什么。**

01 日本经济成长和零售业态多样化

第二次世界大战后日本经济进入高速成长期，GDP（国内生产总值）和人均GDP增长速度都是前所未有的，这主要得益于工业制造业以及以零售业为主的第三产业的发展壮大。从产业结构看，工业企业，特别是钢铁、综合电器制造、汽车等行业的成长起到了主要牵引作用。而经济增长给人们带来最直接的好处就是收入增加，进而人们对于商品和服务的需求也逐渐明晰起来，传统的"业种商店"已经不能满足人们日常消费需求。而这时超市的出现打破了传统商店单品种销售的局限，丰富多样的商品以及自助式销售使人耳目一新，一站式购物成为当时的卖点，大量销售、大量进货的商业模式促使超市在短时间内成长起来，而零售商的壮大使得厂家和零售商的关系发生逆转，由之前的厂家主导变成零售商主导，这也被称为日本的第一次流通革命。

与此同时，制造业的发展也为零售行业带来新的转机。20世纪60年代以电视、冰箱、洗衣机（三种神器）为主的家用电器备受追捧，特别是1964年举办的东京奥运会大大推动了电视机的普及，随之而来的还有大众营销手段，从收音机广播、平面广告过渡到电视广告时代。汽车的销售也在该时期得到快速增长，汽车的保有量从1960年的289万台增加到1965年的698万台，甚至到1968年已突破1000万台达到1169万台，比1960年增加3倍。随着汽车保有量的提升，一般消费者的出行范围扩大，都市近郊的大型综合超市随之得到发展，卖场面积大、商品丰富、一站式购物等特点吸引了大量的消费者。

20世纪70年代后期便利店行业兴起，1978年7-ELEVEn便利店导入POS系统后其他便利店也纷纷效仿，百货商店、超市行业对信息系统的重视也逐渐加强，加之VAN网络技术使得信息传输更加快捷，零售行业加快了EOS（电子订货系统）、ERP（企业资源管理）、CRM（客户关系管理）等系统的导入和应用并引发了提升业务效率的改革，因此20世纪80年代的业务系统改革也被称为第二次流通革命。

日本经济的持续发展使得日美贸易摩擦升级，80年代后期日元升值导致出口受到严重影响，不仅如此，因《大规模店铺法》（为了保护中小零售商而制定的大型门店开店管理规定）的存在，欧美零售企业很难进入日本市场，日本零售环境承受国际舆论的强烈压力，不得不重新修订关于大型门店开店相关条款，修改内容主要反映在大型零售商店开店时需要考虑门店对周边环境的影响，如有充足的停车场、垃圾处理等，一方面促进了零售市场的自由化程度，另一方面也对零售企业和门店经营提出更严格的要求。

从数据中可以看到，20世纪80年代以来超市行业市场规模不断壮大，除去90年代初期因泡沫经济瓦解导致消费急速低迷以外，2000年以前超市行业的平均销售额增速均呈现正增长（图1-1）。2000年以后由于市场多元化、销售形式多元化、数字化使得超市行业很难维持现有增幅，甚至因市场饱和、同业竞争的压力而呈现衰退迹象，这种情况一直持续到2019年新冠肺炎疫情暴发前，因此自1990年泡沫经济破灭以来日本消费市场不景气也被戏称为"失去的30年"。

新冠肺炎疫情的暴发给诸多行业带来致命的打击，但对以民生商品销售为主的超市来说却是转机。各企业在巩固市场的同时，努力和顾客建立联系、变革卖场，关于这一点我们将在下一节详细介绍。

第一章 概　述

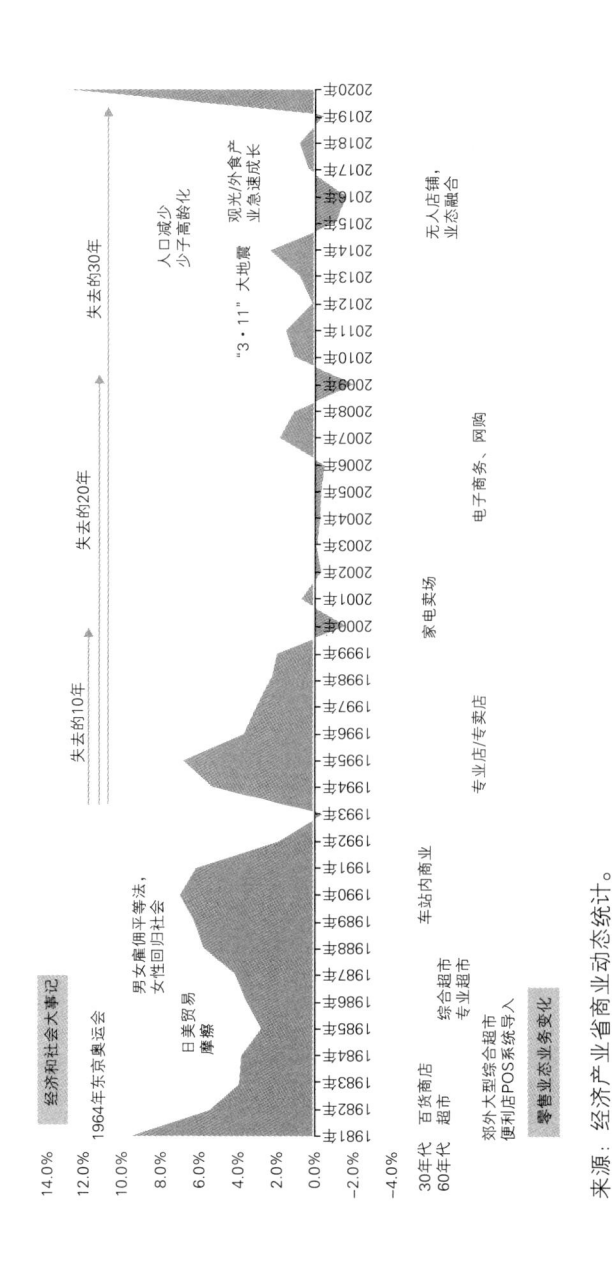

图1-1　超市行业销售额环比增长推移

来源：经济产业省商业动态统计。

007

在超市业态整体低迷时，食品超市则像一股清流，销售额不降反增，同时超市中食品的销售持续上升，食品在超市销售额中的占比也从2000年的51.2%提升到2020年的78.5%（图1-2），可以看出超市也在为不断调整品类结构做出努力。表1-1所列为2019年度至2020年度超市行业销售额排名前10名的企业，零售企业集团永旺和7-ELEVEn集团占据零售市场份额四成以上。目前这两家企业仍在进行店铺形态调整，一方面对传统大型卖场和综合卖场进行变革，另一方面则在东京都内开设社区小型食品超市。

接下来我们将着重关注日本超市从战后成长到现在互联网和疫情的双重压力下经历了哪些卖场变革。

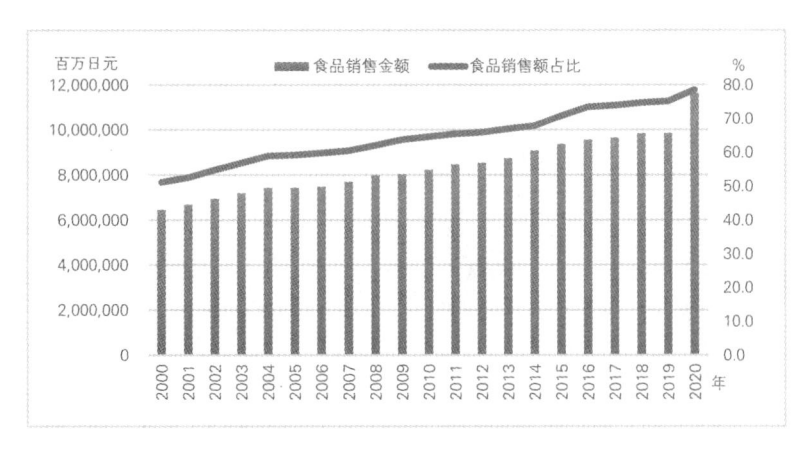

来源：经济产业省商业动态统计。

图1-2 超市食品部门销售额变化

表 1-1 超市行业销售额排名（2019—2020 年度）

排名	企业	销售额（亿日元）	市场份额（%）
1	永旺	60,446	33.9
2	7-ELEVEn 集团	18,413	10.3
3	和泉	7,443	4.2
4	Life 超市	7,146	4.0
5	Valor 超市	6,780	3.8
6	联合超市	6,763	3.8
7	Maxvalu 西日本	5,340	3.0
8	Arcs 超市	5,192	2.9
9	八百幸	4,422	2.5
10	平和堂	4,336	2.4

来源：业界动态 search.com。

02 日本超市的兴起和卖场革新

日本超市业态的出现是在 20 世纪 60 年代，当时超市的代表是大荣，因为顾客以全职主妇为主所以也被业界称为主妇的大荣，而卖场里销售的商品也以食材、食品为主。发展之初大荣的"大量销售模式"给顾客带来最直接的好处就是低廉的商品，因此颇受大众追捧，以至在60年代家用电器普及之时，大荣因低价销售电器威胁到传统家电的销售网络，同时打破厂家的价格限制，而受到以松下电器为首的家电厂家停止供货的处罚，进而导致大荣和松下长达30余年的战争，直到1995年两家公司全面和解、重新开始家电商品供销合作。

随着经济快速增长、工业化程度提升，人们对商品以及店铺的需求不断细化。同时，1972年政府出台《男女雇佣机会平等法》后女性回归社会的趋势明显，这使得人们的生活方式发生变化，如为了节约购物时间，电车车站内以百货商店、超市、便利店为代表的车站经济得到发展。80年代零售业态已呈现多样化，超市业态则衍生出综合超市、郊外仓储型超市、食品超市、社区超市等多种形态，90年代各大超市企业集团跑马圈地急速扩张，2000年亚马逊进入日本市场，这使得超市行业不仅面临着激烈的同业竞争，还承受着来自互联网的压力。零售市场环境已从供不应求变为供大于求，并且商品同质化严重，导致超市企业利润摊薄，卖场变革迫在眉睫。

在此背景下，日本超市企业为了提升效率开始探索变革之路，下面我们从四个方面来分析。

1）品类管理和商品分类技术

关于品类管理和商品分类，通常日本超市卖场按照大分类、中分类、小分类三级来划分商品（表1-2）。

表1-2 日本超市三级商品分类

大分类（卖场）	中分类（部门/品类）	小分类（种类/品种）
农产品	蔬菜	番茄
		南瓜
		……
	水果	草莓
		橘子
		……
	花卉	
畜牧产品		
水产品		
中食		
每日配送商品		
一般食品		
非食品		
其他		

大分类是卖场分类，一般分为农产品、畜牧产品、水产品、中食、每日配送商品（日配）、一般食品、非食品和其他8个卖场；中分类是部门分类或品类分类，也就是各卖场下的细分类，如农产品卖场中可分为蔬菜、水果、花卉等；而小分类则是商品种类细分，如蔬菜部门下的番茄、南瓜、白菜等。这种分类方式是按照商品广度和深度两个维度展开的。

在市场环境持续变化和顾客需求不断提升的情况下，二维分类在商品呈现过程中显得过于单调，因此很多食品超市在商品分类上增加了使用用途以及顾客群特征等因素，将商品广度和深度扩展为**广度、深度和使用用途三个维度**，极大限度地提升了商品的充实度，同时使商品呈现更加人性化、立体化。在图1-3中，传统的二维分类方法按照品类和品种划分出的商品分区是12个（4品类×3品种），而三维分类方法中加入了商品使用用途后，商品分区扩展为36个（4品类×3品种×3用途），因此在销售区域利用上，同一品种商品的丰富程度得到提升。**三维分类方法不是简单地通过物理位置和立体货架摆放实现的，它反映的是商品分类技术的卖场呈现。**

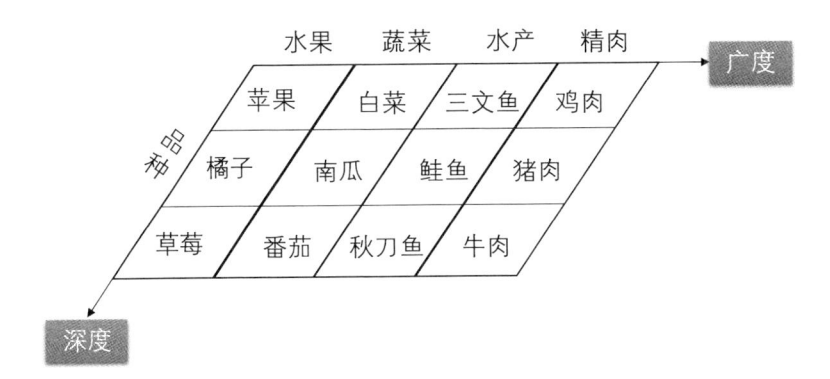

(a) 二维商品分类

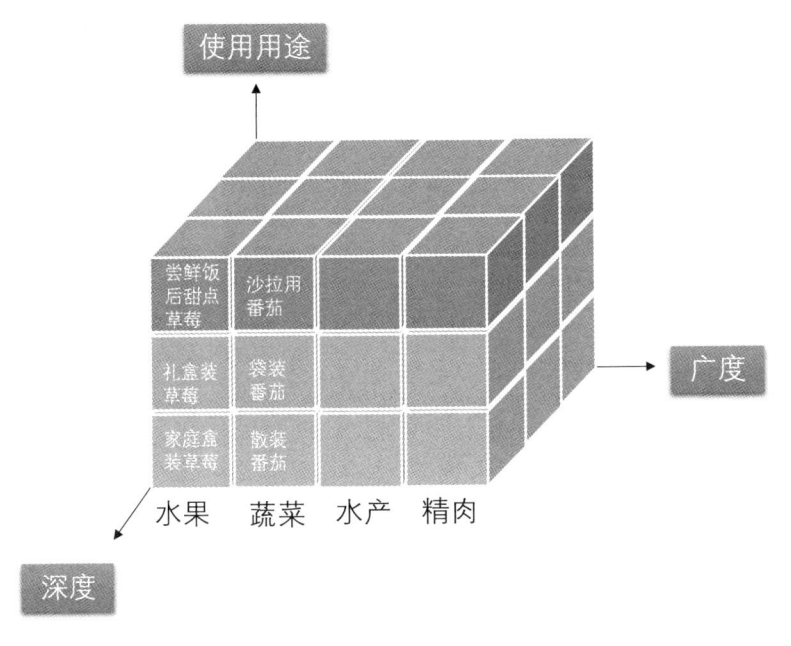

(b) 三维商品分类

图 1-3 商品分类

在此我们以草莓和番茄为例来看看商品分类技术是如何应用和呈现的。图1-4所示为一家优秀食品超市水果卖场的草莓陈列区，从整体上看区域宣传鲜明，陈列区以柱体为依托呈山形，由上而下分别是宣传装饰、礼盒，以及1—2人用、家庭装和关联商品草莓炼乳，商品陈列层次递进，同时和销售量匹配，家庭盒装草莓性价比高、销售量大，放在最下层多排面展开。为突出主题，装饰纸也以粉红色和草莓图案相呼应。

图1-5所示为某蔬菜卖场中的番茄陈列区，陈列范围约为环岛陈列台的1/2，转角突出位置摆放的是水果番茄和各

图1-4　春季草莓卖场陈列例

图1-5 春分番茄卖场陈列例

种沙拉用番茄，强调口感和甜度，既迎合了春分主题，又贴合顾客春季干燥补充维生素以及多吃轻食沙拉的消费习惯。右侧货架则陈列了大量产地直采番茄进行主推，同时有少部分散装销售，满足了顾客的不同需求。袋装番茄的上部陈列通心粉番茄酱、下部陈列番茄种子，进行跨品类关联销售。

在草莓和番茄卖场的实例中，我们可以看到商品陈列生动、丰富，层次多样但并不杂乱无章，整个陈列区域主题鲜明，吸引顾客的同时能够增加顾客在该区域的滞留时间。

2）以顾客视点出发的卖场呈现

目前，对于顾客购买行为最前沿的研究是"顾客购物旅程"。它的意思是说，顾客购物的过程像一次旅行，按照时间推进来分析整个商品购买过程中的行为、对商品和服务的考量以及感情等多重因素，进而把握顾客从认知到最终购买的全过程。这个概念是在最近几年提出的，但日本超市早在2000年以后就开始纷纷探索如何从顾客的角度出发来进行卖场陈列，简单地说就是**提供方案、帮助顾客做出选择和决策**。在此我们通过两个例子来了解一下日本超市卖场呈现的思路和方法。

第一章 概 述

*主妇提案型卖场从何而来?

大家回想一下,自己在日常生活中有没有被妈妈问过"中午或晚上想吃什么"。如果你不记得了,那么可以做个简单的试验,回到自己的家中,留心是否有被问到、一周中被问到几次,然后记录下来。大多数人的答案肯定是有的,而且很多时候每天都会被问到至少一次。然而每一次你的回答又是什么呢?说出自己想吃的菜,或者是"什么都行""随便"之类。我们来分析一下,这个看似简单枯燥的对话,实际上隐含的信息是什么。

通过表1-3可以看到,提问者在问你想吃什么的时候,一方面是希望吃的人喜欢、高兴,另一方面可能是因为自己也不知道该做什么,所以才问你。而在你给出明确答案的时候,提问者就有了明确的目标可以马上付诸行动。相反,如果你回答"随便",那么提问者会因为没有得到有效信息而继续烦恼,因为她的问题没有得到解决。

如果是请客吃饭,那么可能是前者,即使对方说什么都行的话,提问者不但不会生气,相反会因为对方的客气而去准备她认为丰盛的菜肴。但在日常生活中,对话场景可能会更倾向于"对话2",因为即使你再有想吃的东西,每天被

表 1-3　对话场景的隐含信息

对话1	隐含信息
问：中午想吃什么？	1）希望吃的人高兴。 2）自己也不知道做什么，需要你的提案。
答：炒饭。	有提案了，而且明确。
问者反应：准备食材做炒饭。	付诸行动，采买准备。

对话2	隐含信息
问：中午想吃什么？	1）希望吃的人高兴。 2）自己也不知道做什么，需要你的提案。
答：随便。	没有提案。
问者反应：生气了/吵嘴，然后自己想吃什么，再准备食材做饭。	没有得到有效信息，等于没问，问题还在。

问一次也会烦，也会随口说出"随便"之类的答案。那么对于每天做饭的主妇来说，她的烦恼就更大了，因为她要想的是一日三餐，同样的烦恼每天要面对三次。

通过上述例子我们可以了解到，**其实在询问发生时，提问者并不在乎你的回答是炒饭或是炒面，做饭的主妇需要的只是一个提案**。此时提案型超市的作用就体现出来了。

在卖场中，可以看到应季果蔬推荐、应季菜肴、菜肴制作方法介绍，甚至试吃区域会有店员进行现场演示等内容。超市在销售商品的同时，为顾客提供每日饮食提案，这很大程度上解决了顾客的烦恼。与此同时，超市卖场运用自身对商品营养价值、食用方法等专业知识，更容易获得顾客的青睐和信任。

日本很多食品超市在推出烹饪演示区（图1-6）以外，还会定期向顾客分享应季菜肴以及详细的制作方法，比如我们熟知的伊藤洋华堂和八百幸就分别推出了自己的每月烹饪菜肴推荐和制作方法，八百幸每月还会推出电子期刊，介绍商品知识和当月饮食提案（图1-7、图1-8）。

图1-6　店铺内烹饪演示区

超市攻略

来源：伊藤洋华堂 cooking support recipe，2021 年 2 月。

图 1-7　伊藤洋华堂应季菜肴推荐例

来源：八百幸 cooking support recipe，2021 年 3 月。

图 1-8　八百幸应季菜肴推荐例及每月期刊

*自助式卖场如何叫卖？

日本超市卖场呈现从顾客角度出发的另一个例子就是可视化。简单地说，可视化就是把声音、信息、人员叫卖转变为图文，特别是顾客容易明白理解的图文。

为什么说可视化重要呢？

众所周知，超市卖场大多是自助或半自助的，整个卖场除了促销期间有厂家促销员外，基本上都是没有员工在宣传销售的。顾客在购买商品时，完全是依靠生活经验和他人建议来选择判断。试想，顾客在购买橘子时要如何判断橘子甜还是不甜呢？看品种、看产地！或是以前买过，很甜所以复购！邻居买了，很甜所以自己也来买！等等。那么问题又来了，你说甜，为什么我吃着不甜呢？上次买的也是南丰蜜橘，为什么上次甜，这次不甜了呢？如果顾客不满意某一次购买，之后可能就不会复购，甚至还会和朋友邻居也说上一说，进而一个顾客带来的连锁反应可能是 10 个顾客甚至更多。

那么，到底是橘子的问题，还是顾客的问题呢？其实都不是，只是**参照的标准不一样**：超市的标准是厂家推荐或者采销人员的判断，顾客的标准是以往的购买体验。了解问题出在哪里就很好解决了，只要统一标准就好。采销人员拥有专业的商

超市攻略

品知识，只要把商品知识共享给顾客，告诉顾客：①什么样的橘子是甜的，该如何选购；②甜和不甜的标准是什么。

图1-9所示为某日本超市橘子卖场的展示牌，从中我们可以看到每种橘子的特点和口感，而且对于甜度标准也是有量化指标的，也就是说橘子的甜度不会因人而异，也就不会给顾客带来过高或者过低的期望，进而影响消费满意度。同

(1) 橘子品种介绍

(2) 味觉可视化展示　　　　　　(3) 甜度标识

注：(1) 展示内容有品种、品种特点介绍，外观和横切面特征。
　　(2)(3) 横轴为适合刀切和手剥品种，纵轴为甜度和爽度。

图1-9　某日本超市橘子卖场的展示牌

时顾客可以根据口感喜好来挑选橘子。**需要注意的是，可视化手法的关键点在于图文结合，要让顾客一目了然，尽量避免大量文字书写。**

3）52周营销背后的部门协作

传统的超市营销模式多是日常销售加节庆日营销。在竞争逐渐加剧、商品销售周期缩短的情况下，超市的营销模式也做出了很大调整，从前的节庆日营销不能给超市带来足够的销售增长，为此日本超市在改善商品管理时推出了52周营销计划。

52周营销计划，顾名思义，一年365天除以每周7天约为52周，也就是说以7天为一个周期的营销计划。相比于节庆日营销，52周营销周期短，需要将商品更新周转周期由一个月缩短至一周，那么对商品订货精度和在库管理的要求就很高。

为了实现52周营销，不仅需要采销人员具有较强的谈判和掌控能力，还需要各个部门间协调配合，特别是商品部、营销部和门店管理部门的协作至关重要。日本超市的做法是流程再造，建立各部门之间的协作关系，这里我们通过一次营销活动的流程图来看各个部门是如何协作推动营销计划和监督门店落实的。

在图1-10中，厂家提供商品信息，营销部门将市场动向和营销企划汇总到促销部门做成促销计划，并将计划共享到门店，门店做出反馈后，门店督导召开一次会议并制作企划案，商品部根据企划案内容选定商品并和厂商进行资源谈判，最终商品部确定商品并在进销系统中进行订货操作，商品部将进货计划共享到各门店督导，由督导召开二次会议，对进货数量进行分配并制作店长及课长销售指导书。

之后促销部跟进促销品分配发放，采销人员负责检查商品到货情况，同时门店督导将门店销售指导书发送给店长以及各品类科。根据指导书内容，厂家、采销人员、督导和门店人员协同跟进商品到货情况和相应的卖场布局，促销部发放广告单和发送电子宣传单，进行营销活动前期准备。

营销活动前一天四部门最后确认到货情况，并将进货等数值信息共享。

活动后，门店还原卖场布局和商品位置，将营销情况汇报到督导处，督导制作企划案总结汇报并将内容汇总到商品部，由采销人员和厂家进行确认并讨论下次促销活动的进货内容。同时督导向各部门汇报营销活动成果，同时将信息与厂家共享，帮助厂家进行下一次营销活动提案。

第一章 概 述

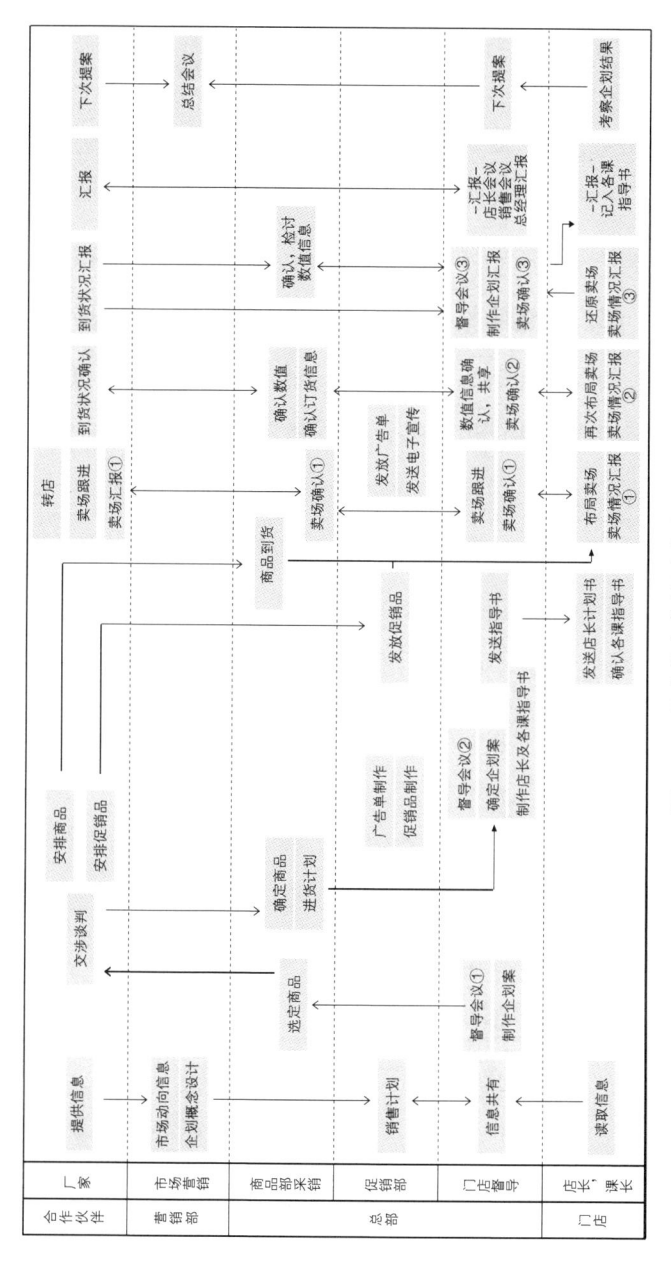

图1-10 日本超市营销活动流程图

025

由该营销活动流程图可以看出：整个营销活动不仅是总部指令下达，而是**双向**、**交流式推进**的，特别是门店和总部之间进行了多次沟通，整个营销计划的重心是在门店以及连接门店和总部的督导处，可以说督导的存在提升了有效沟通。

各个部门职责明晰，营销部门的职责是提供市场环境和行业情况等宏观信息；商品部采销人员了解商品知识，负责与厂家交涉谈判和推进商品计划、进货计划等事宜。

促销部门负责具体的营销计划以及制作各种宣广材料。

门店督导负责总部和门店的协调，包括总部政策方针等下达给门店并对门店给予指导和帮助，同时将门店的需求和难题反映给总部，从而找出适当的解决方案，属于辅助者角色。

门店则是落实总部政策及销售指导书内容，同时将商品销售情况和顾客需求等市场动向反映给总部。

总体上讲，实现52周营销的难点不是选定商品，而是各部门间的沟通和效率，各个零售企业竞争的不是商品的价格和周转速度，而是组织架构和各部门协作能力的比拼。

4）向技术密集型行业转型

传统零售业集中了大量的劳动力，原因是以超市为代表的零售业商品种类多,进货、盘点、陈列、销售等需要大量人手进行。日本超市行业由劳动密集型转向技术密集型是从20世纪80年代零售企业业务改革开始的。1978年7-ELEVEn便利店开始导入以JAN条码(日本商品统一识别编码)为基础的POS系统,到1987年已达到平均每店3.47台POS机和后台联动系统,初步实现商品单品管理[①]。之后各零售业态也纷纷导入自己的POS系统,以及后来的EOS(电子订货系统)和EDI(电子数据交换)为主的信息系统,大大提升了进货、库存管理等作业效率。

2000年以后,随着RFID(电子标签)的应用及移动通信技术的进步,电子货架管理和电子支付得以推广。同时零售相关技术的应用也越来越广,2002年日经messe开始举办零售技术博览会,吸引来场人数达15.3万人,虽然2013年以后来场人数有所下降,但到2019年仍然有12万左右的各界人士和行业专家前来参观(图1-11)。

2020年受疫情的影响博览会中止,2021年3月的博览会如期开放,因疫情原因参展企业相比从前有所减少,来场人数也缩减到3.5万人,但从出展企业和内容来看,电子支付特别是非接触式电子支付设备展区受到较多关注,另外AI

---

① 财团法人流通系统开发中心:《JAN型POS系统导入实态调查(2006年)》。

（人工智能）和 IoT（物联技术）的发展，图像解析技术和卖场管理的结合也受到来场者的青睐（图 1-12、图 1-13）。对于零售行业来说，本次博览会的主要看点有三：一是无接触付款；二是以提升卖场效率为主的货架管理和商品结构优化解决方案；三是以图像解析技术为主的顾客行为分析和自动检品扫描服务技术。

注：2020 年受疫情影响博览会中止。
来源：日经 messe HP。

图 1-11　零售技术博览会来场人数推移

图 1-12　2021 年 3 月东京零售技术博览会现场

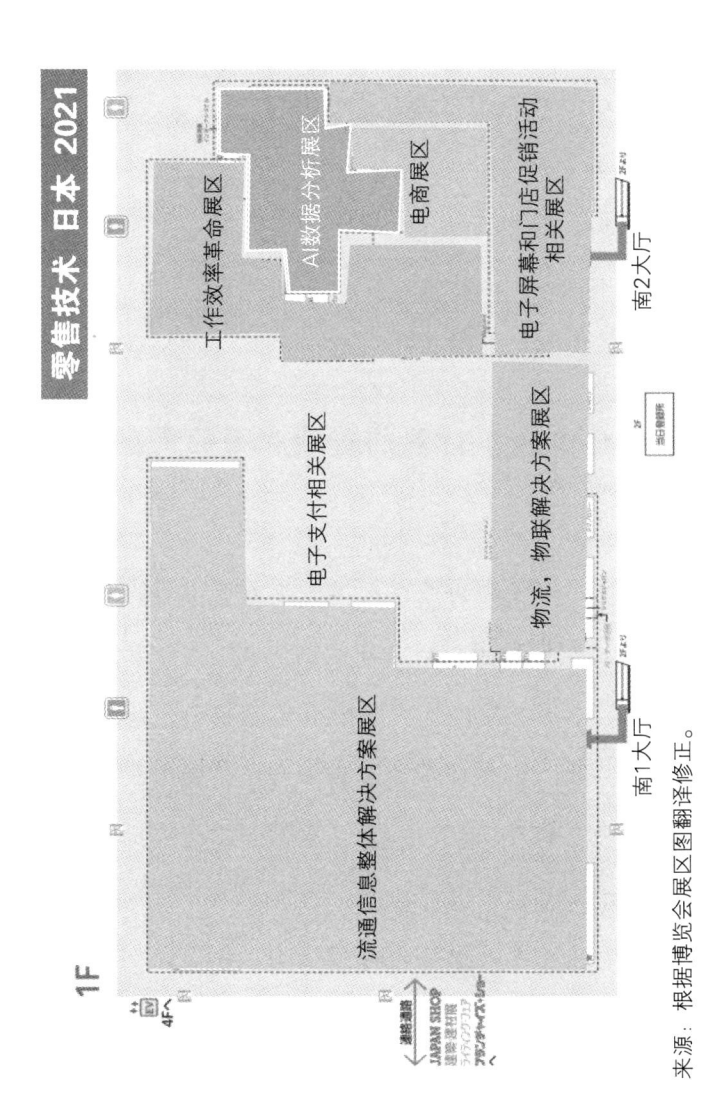

图1-13 2021年3月东京零售博览会展区

来源：根据博览会展区图翻译修正。

今后，随着少子、老龄化现象的加剧，超市行业将面临消费市场缩小以及人员成本上升的压力，为了应对该问题，超市企业不断努力提升卖场经营管理效率，同时也加大对IoT、AI等技术的研发和应用，对此我们将在之后的章节中为大家介绍超市卖场中的技术创新和应用。

03 日本超市行业的苦战和面临的问题

现实中，日本超市行业并不像大家表面上看到的那样一帆风顺。2000年以后超市行业年间销售额持续下滑，行业竞争加剧使得行业调整幅度加大，2020年底超市企业数比2000年减少了约一半，但企业平均销售额和店铺数增加，超市行业集中度提升（图1-14）。在此，我们对零售环境变化和超市行业面临的问题做了以下整理。

其一，日本少子、老龄化现象加剧，使得社会人口结构发生变化。2020年高龄人口（65岁以上）比例已占到总人口的28.7%，达到超高龄社会的标准（中国是12.0%），战后的人口红利逐渐消失，从人口结构来看，日本已经从金字塔型转变为花瓶型，推测再到 2060 年人口结构将可能呈现剑型（图 1-15）。

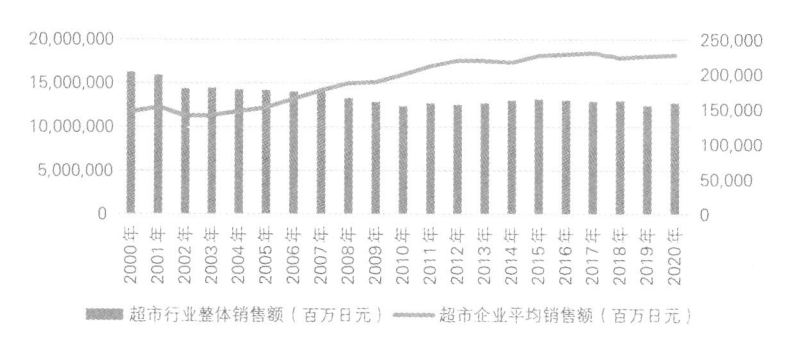

来源：根据日本连锁店铺协会数据整理。

图 1-14 超市业态销售额推移

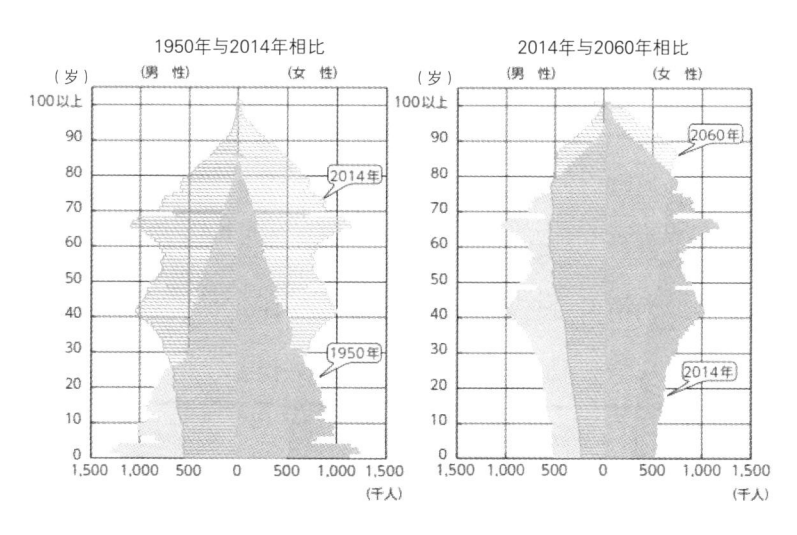

来源：日本厚生劳动省白皮书（2016 年）。

图 1-15 日本人口结构比较

为此，日本产业结构也随之发生变化，一是福祉、介护、老年人消费和相关产品有所增加。对于超市行业来说，2016年超市白皮书对不同客层购买品类差异的调查显示，随着客层年龄带的增加，食品消费金额上升，同时对蔬菜、鲜鱼等素材类食材的需求也上升。二是针对老年人消费者的特点，超市扩大了口味清淡、软口感、小包装商品的陈列。三是劳动人手短缺严重并呈现长期化趋势。这些变化推动了产业技术变革，如企业和大学等研究机构加大对 IoT 和 AI 技术的应用，不断实验推出标准化、自动化设备。在零售行业中最为显著的变化是自助扫描支付系统的导入和应用。

除了以上提到的人口结构变化外，鼓励女性回归社会（工作）使得女性生活模式发生变化，如工作时间增加、相对家务等家庭时间减少，为了节约体力和时间，她们倾向于选择加工食品和预包装食品等只需简单烹饪即可食用的商品。

其二，消费者对健康食品的需求增加。2020年10月麒麟啤酒发售无糖啤酒取得巨大成功，发售仅一个月就达成了全年销售目标的 80%，这得益于新商品迎合了消费者对啤酒的需求。麒麟公司 20 年消费者调查显示，除了"价格贵"以外，"导致发胖"、"嘌呤高"、"热量高"和"糖质高"是导致啤酒销售额下降的主要原因。2015年麒麟啤酒开始无糖啤酒项目研发，在去除糖质的同时不改变啤酒应有的口感和味道。针对无糖啤酒的售后味觉喜好度调查显示，94%的消费者表示喜欢该口味，特别是浓厚的麦芽味和无杂味两点丝毫不逊于普通啤酒[①]。对此，从顾客在包括推特、脸书等流行社交平台出现了大量商品分享内容，就可以看出顾客对它的喜爱（图1-16）。

其三，法律法规对超市行业的影响。从2019年10月起，日本消费税从8%增加到10%，例如条款中规定，超市经营商品中其中除酒精类以外，食品类商品可享受轻减税率（8%）。但同样销售食品的外食行业因提供食材外同时还提供了餐饮设施和服务，所以不适用于轻减税率。

对于超市行业来说，这无疑是一个好消息，超市企业纷纷充实中食及预包装食品商品线，调整熟食销售区以吸引外食消费者。

2020年2月开始受新冠肺炎疫情的影响，使得外食产业雪上加霜，而超市企业特别是食品超市当年销售额却实现同

[①] 产经新闻（2020年12月14日）"麒麟鲜榨无糖啤酒销量惊人！啤酒口感受到青睐"（https://www.sankei.com/economy/news/201214/ecn2012140001-n1.html）。

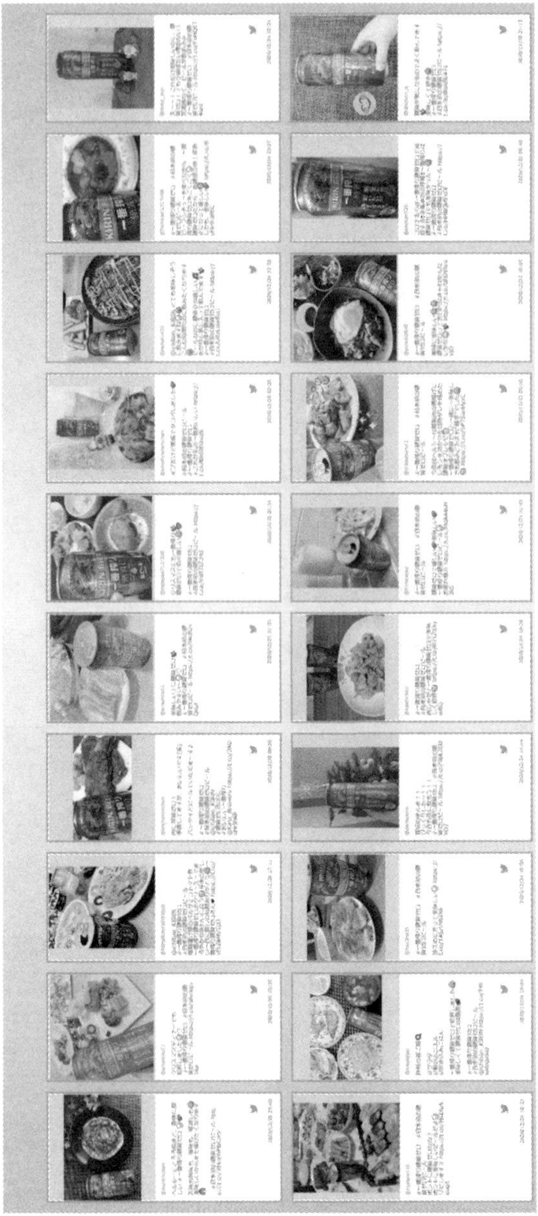

超市攻略

图1-16 消费者推荐分享麒麟无糖啤酒

来源：麒麟公司官网。

比增长 6.3%①。作为食品流通的主要渠道，超市企业为市民提供稳定的商品、食品供应，对社会安定和物价稳定起到了很大的作用。这也得益于日本政府和企业长久以来的忧患意识，自 2010 年 "3·11" 东日本大地震以来，日本政府和零售企业越来越重视零售企业的基础设施作用，因此像 7-E-LEVEn 和一些超市集团开始加强自身物流配送体系建设，特别是为重大突发事件的应对措施做出准备。其中包括特别时期商品供应链、在库调整及人员配置等内容。

其四，互联网销售带来的冲击和客户流失风险。随着亚马逊、乐天等互联网销售平台的急速发展，实体店销售受到很大影响，其中包装商品、一般食品首当其冲。而生鲜商品受到的影响相对较小，主要是因为消费者对食品鲜度、品质的要求较高，而互联网行业在冷链物流配送方面不具优势。其实从 2017 年 4 月开始亚马逊日本已在东京及周边（千叶县和神奈川县）推出生鲜商品网售、最短 4 小时配送到家服务，配送时间带从早上 8 点到深夜 0 点，配送费用 500 日元。除了亚马逊生鲜，各大超市企业也纷纷推出网上超市，在线接收订单。

---

① 全国超市协会等 3 团体对 270 家食品超市销售额调查，2020 年全店销售额实现同比 6.3% 增长。

在此我们对亚马逊生鲜、伊藤洋华堂和 Oisix ra daichi 三家企业的在线销售业务进行对比。由表 1-4 可见，三家企业各具特色，其中从会员带来的销售额来看，做得最好的是 Oisix。Oisix 是一家通过网络和直邮销售食品食材的公司，成立于 2000 年，因业务开始时间较早，在客户开发和商品配送上积累了大量的经验，目前可以实现 6 个时间带的相对短平快的配送，免费配送的下限也较低，对于顾客具有一定的吸引力。2010 年 11 月 Oisix 推出第一家实体店参与实体零售竞争，目前在市中心拥有三家实体门店。图 1-17 所示为 Oisix 个人宅配业务体验活动，该活动为盲购，送达后顾客开箱才

来源：Oisix 官网。

图 1-17　Oisix 食材订购网页

能知道是什么食材，实惠的同时也增加了购物的期待感，是一款非常受欢迎的体验活动。

排在第二位的是7-ELEVEn集团旗下的伊藤洋华堂，它也在2001年推出网上超市，凭借伊藤洋华堂的品牌效应吸引了众多网络会员，目前活跃会员用户数量不明，但可以说在网络经济成长的大背景下该企业有很强的发展潜力（图1-18）。

来源：7-ELEVEn集团官网。

图1-18　伊藤洋华堂网上超市

最后是大家熟知的亚马逊。日本亚马逊经营了较长时间，不仅会员数和商品数众多，在日本国内还拥有27家物流配送中心和完善的配送网络。一直以来亚马逊都以书籍、日用百货等一般商品销售为主，并因物流配送效率高得到了顾客的认可和肯定。2017年亚马逊开始销售生鲜食材，并且一度成为话题，但明显它在生鲜食品销售上并不具备优势，特别是以往积累的仓储保管、分拣配送的经验，并不适用于生命周期短、脆弱、对鲜度要求极高的生鲜商品，这也使得亚马逊生鲜的发展相对进展较慢（图1-19）。

通过以上分析我们可以看出，对于以食品销售为主的超

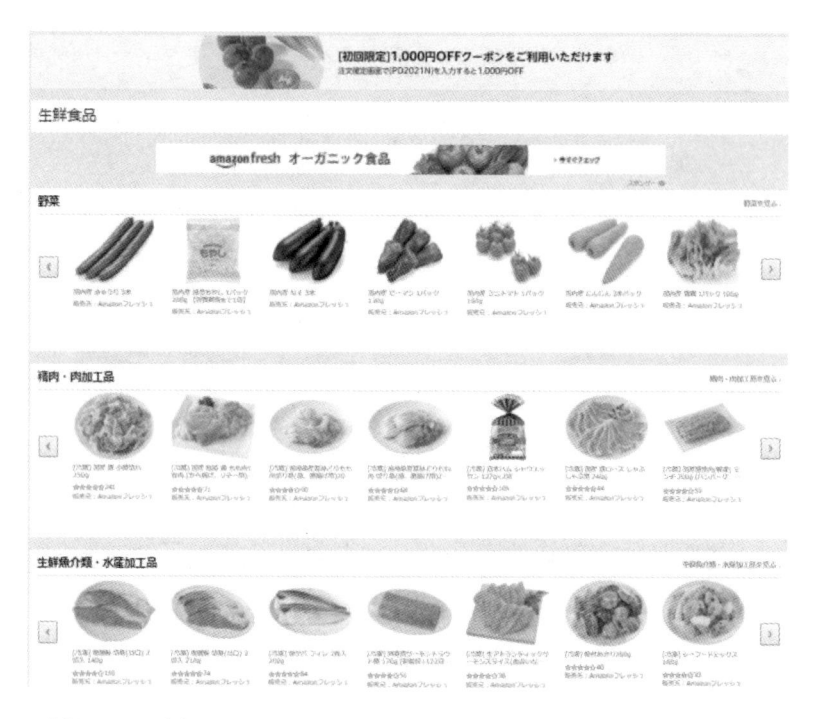

来源：亚马逊官网。

图1-19　亚马逊生鲜销售网页

市实体店来说，尽管现阶段互联网企业因技术不足使得在生鲜商品等领域还无法与之形成对等的竞争关系，但今后随着互联网企业的不断尝试和积累，实体店的压力也会越来越大。因此现阶段作为缓冲期，超市实体店也要加快经营管理强化和卖场创新以应对未来的多元化竞争。

表1-4 网上超市业务模块对比

	亚马逊生鲜	伊藤洋华堂网上超市	Oisix
开始销售时间	2017年4月	2001年	2000年6月
销售额	不明	397.3亿日元（2020年2月）	710.4亿日元（2019年度）
商品数	16万件以上	约3万件	60个（2017年5月）
配送时间带	8—24点	10—22点	6个时间带自选，晚9点为止 含周六、日
最短配送时间	4小时	4小时	每周四 配送 定期箱子
配送费用	生鲜会员免费。非生鲜会员的高级会员，含税购买金额4000—10000日元，运费390日元；10000日元以上免费	标准配送费用含税330日元，费用根据门店和配送地区不同。有未满4岁儿童的家庭凭母子手册享受配送费用102日元的优惠	冷冻商品需要另外加200日元手续费，订单价格1200日元以上手续费全免。运费根据地区和订单价格、定期会员是否不同配送价格不同

超市攻略

(续表)

	亚马逊生鲜	伊藤洋华堂网上超市	Oisix
会员数	不明	约300万人（2020年3月）	28.5万人
年会费	高级会员年会费3900日元，加生鲜会费每月500日元	免费	免费
再配送	不可 配送不在时订单自动取消	可 仅限当日	定期配送（可暂停最长2个月）
配送地区	东京，神奈川县，千叶县一部分地区	19都道府县的部分地区 各门店周边地区	全日本

来源：根据ecclab和Oisix整理修改。

通过上述分析可知，日本超市企业面临很大的压力和挑战，对此超市企业纷纷采取对应措施，像7-ELEVEn和永旺等零售企业集团在积极推行实体店自助服务的同时，也推出网上超市防止顾客流失。而中小企业则不具备资源资金优势，更多的是进行流程再造和卖场变革，进而提升企业的盈利能力。

第二章

超市管理层考察学习效果考量

第二章　超市管理层考察学习效果考量

上一章我们对日本整体零售环境的发展变化和超市的变革进行讲解，本章来讲解对于行业发展至关重要的一个阶段——考察学习和企业能力提升。来日考察学习时应该学习什么内容？为什么要学习？就这一点我们从这几个数字来说明：2、1、3。

2005年以来中国经济快速增长，2010年实际GDP总额超过日本，成为仅次于美国的世界第二经济大国。这个结果让我们欢欣鼓舞，对未来充满信心。但是对于行业、企业发展环境把控更有意义的指标，是人均GDP以及人均可支配收入，因为它们才是反映社会物质丰富程度和消费市场存量的直接指标。

2019年中国人均GDP是10219美元，而日本已达到40810美元[①]，约为中国的4倍。也就是说中国消费市场与日本相比仍然存在很大差距，目前中国的人均GDP还停留在日本20世纪80年代的水平。也正因如此，我们才有必要了解和借鉴日本的零售发展变革之路，因为**日本人均GDP从1980年1万美元到1992年3万美元的消费市场升级的过程，正是中国零售业正在或者即将经历的过程。**

---

① 来源：CEIC data。

01 国外考察究竟应该学什么

从几年前开始很流行超市管理者来日本视察和考察。考察人员从董事长到中层管理者都有，很多情况下，大家会去参观一些优秀的超市卖场以及物流中心，另外会参加一些日本零售专家的培训课程。其实这是很好的学习方法，能帮助大家用最短的时间、最快最广泛地了解日本超市的日常经营管理。最初，在日本超市兴起阶段也是有很多类似的海外考察团去美国考察当地超市经营的。对于基础知识和技术的积累和学习，去优秀的企业考察是必不可少的阶段。

我有幸参与到接待考察人员的活动中，领略到超市管理者的学习热情以及日本零售专家的丰富经验，但同时也发现了一些问题，其中最重要的就是考察团**学习效果**和如何将学到的东西应用到现实中，也就是我们常说的**落地**。在这里，我总结了一些实用方法，帮助大家提升考察效果。

1）什么是有效的方法

简单地说，就是**有目标、有评价**。

先说目标。考察之前有哪些预期和想学的东西必须明确，这包括想要学到的和考察团计划的匹配情况以及误差，比如期待很高，但实际上因为行程过满或者身体原因等个人因素导致整个考察过程走马观花停留在表面；再比如开始行程前根本没有思考过想学到什么内容，只是被旅行团拖着走……都会造成考察学习效果不佳。甚至很多人觉得"好像国内的超市做得更好，各种经营管理技术国内早就有了，海外考察也不过如此，没什么好学的"。

之所以如此，是因为大家只草草地看到表面，卖场布局差不多，销售商品、商品陈列和加工方式一看也都明白了，加工间也参观了，物流中心也看了，就以为已经掌握日本超市管理技术了，拍了照片回去照做就好了。殊不知，大家看到的只是冰山浮出水面的一角，更多的技术、管理、流程、协作等都因为自满而被屏蔽了。

再说评价。这里说的评价包括两方面：一是目标和实际结果的差距的考评，也就是我们常说的**行动必有反馈**，实际结果如何、是否达到预期、多大程度上达到预期（百分比），对此我们会在第三章设定有效目标中详细解说；二是**反省不足之处和考虑改善方案**。这一点尤为重要，不仅在考察活动中，日常销售也是如此，即使在销售达成100%甚至更好的情况下也需要反省有哪些可以做得更好。

2）考察的目的和内容是什么决定效率

目的和目标不同，目的是要实现或达到的最终目标和结果，而目标是实现该目的的手段和具体标准。目的不同，目标往往会大相径庭。

如果你的目的只是想看看日本超市是什么样子，是怎么布局的，那么走几个卖场，拍一些照片，感受一下超市员工服务就足够了。考察的目标也相对简单，比如记录具体行程安排和参观地点，列举一些具有代表性的照片以及和现地员工的谈话等等作为目标的反馈。但如果你的目的是想了解、掌握日本超市是怎么做出自己的顾客画像，怎么设计和实现场景销售，怎么做卖场选址和销售计划等，就需要深入地学习了，特别是和现地企业各个部门进行交流学习，而这个过程需要花费更多的时间和精力。

另一方面，关于该如何设定考察目的，究竟要学什么？就这一点我有两个建议：其一是透过现象看本质，**思考原因和本质**。考察的目的不是单纯地模仿，看别人怎么做自己也怎么做的话，只能事事都跟在别人后面。要想弯道超车，就要学习别人的经验和方法，知道他为什么这么做，以及他是怎么做到的。

比如想要学习超市的卖场宣传POP，单看POP我们能知道它的版面、内容、字体、宣传语，以及它的摆放位置和大致时间（参观时间），但这不是我们考察学习的目的。如果只是想知道这些就不必花费很多跑来现地学习，关于手绘POP的书籍就有很多，拿来照着写就好了。

图2-1所示为新米发售季节对袋装大米进行展示销售，正面展示从顾客食用感想入手打动顾客、刺激需求点，背面展示新米品种、米粒大小和做饭团的提案。我们看到专题卖场呈现和POP宣传介绍等信息后，要思考的是：**为什么摆放在这里而不是在原来的货架处直接做宣传；为什么这个时间摆放在这里；宣传内容为什么是这些而不是其他；为什么用了这个词，对刺激顾客更有效；POP是谁设计的内容，设计灵感来自哪里，谁设计的版面，谁写（画）的；张贴前多久开始准备；哪些顾客关注了POP，等等**一系列隐藏在A4纸背后的问题。它关系到流程和员工协作，是POP管理的精髓，一旦掌握方法就可以很快地复制出其他内容，进而实现

注：左图为正面展示，右图为背面展示。
来源：日本POP协会全国大会新米展示例。

图2-1　大米POP宣传和卖场呈现

超市独特的管理技术。

关于另一点建议，目前日本超市也处于转型期，特别是随着整个社会少子老龄化的推进，劳动人口减少、老龄化严重，日本超市在卖场陈列、流程优化、人员管理方面所做出的创新和变革，更值得我们借鉴和学习。卖场陈列和商品变化我们会在后章进行详细说明，这里要说的是超市在提升顾客购物体验和购物流程优化中所做的努力。

对此我们来看永旺集团（AEON）在 2019 年导入的店内触摸手机自助结账系统"regigo"的例子。[①] 其实自 2004 年起永旺就已经尝试导入自助结账系统，其间因顾客较多时仍然会有收银台排队等候现象，永旺不断改进系统并在 2018 年推出"缩短等待时间，实现快乐购物"的 regigo 构想，并于次年导入使用。

永旺超市将 regigo 触摸式购物手机放置在门店入口处，顾客可以自由拿取并将购物手机放置在购物车把手的架子上，从货架挑选商品后直接扫码，该商品信息（名称、照片、数量、金额）会出现在屏幕上，完成购物后直接点击结账付款，手机会生成二维码，顾客拿着手机在自助付款机扫码清算。在将购物车推回的同时将手机放回门店出入口即可。全程操作简单快捷，不仅为顾客节约了排队等待时间，还提高了收银台人效。另外，顾客购物过程中无须人员接触，在 2019 年底新冠肺炎流行的环境下推出 regigo 恰到好处地消除了顾客担心接触感染的不安。

---

① 零售大革命 ITmedia（2020 年 10 月 22 日）《防止顾客过度购买导入的触摸手机系统 提升客单价 20% 的秘密》。

超市攻略

来源：prtimes.jp（2020年2月26日）"永旺零售3月导入 regigo"。
图 2-2　永旺零售集团店内触摸手机自助结账

3）是否有效果考评标准和相应的体系

考察学习后，如何对学习过程进行评价，是否有衡量的标准是影响考察效果的重要因素。

通常情况下，业务部门和人力资源部人员会参与其中，

050

在考察前与前往考察人员进行交流沟通，明确考察的目的、目标，考察后会听取参与者的报告或将考察过程中收集的资料等内容进行整理分类，并在部门会议上共享该信息并做出相应的反馈，**将"个人"参观学习的成果组织化**，同时将资料信息收档，作为企业学习成果的一部分为今后学习奠定基础和提供借鉴。

02 学习成果应用和业务改善

海外考察中学到的东西，因文化差异、组织构造和商品结构不同往往很少有能拿来就用的东西。将这些东西进行消化、改良和应用才是考察的最终目的。这也就是我们常说的如何将学习成果落地的问题。

就像你想拼一个只有 20 块的乐高拼图，那么你都不需要看拼图步骤，直接看盒子上的图片就能拼好，而且能拼得一模一样。但如果你想拼乐高的千年猎鹰，它一共有 7541 块，如果没有步骤图，即使你拿到所有零件恐怕也拼不上，就算不用精确到构造和零件，只拼到外形相像也是相当困难的。

当然，除非你请到它的设计师，那就另当别论了。

这和我们海外考察是一样的，我们可以拿到卖场结构、陈列照片，可以拿到详细到每一步骤的操作手册以及各种日常管理表格，但就是不会用，也不知道怎么用。那么关于如何将学到的东西化为己用，我有以下几点建议。

（1）将学到的东西清楚定位，包括内容（What）和权责的定位。比如它是系统性指导资料、业务流程资料还是业务操作手册，内容层级不同，那么它的应用就不同。同时，内容又和使用人权责有关，这里需要明确该资料是给谁使用的（Who）、对谁使用的（to Whom）、什么时候使用（When）、什么部门或什么场景使用（Where）、它的作用是什么（What），以及怎么使用（How to）。这也就是我们常说的5W1H，不同的是在这里我们做了个延伸，另外增加了使用对象。如果你把这几个问题弄清楚了，可以说已经成功了一半。

很多情况下，落地最大的阻碍就是对内容和权责的不了解、不明确。比如大家常提到PI（Purchase Index）值，你知道PI值，知道怎么算，可能也能够看懂PI值报表，那么现在你可以回答"它到底是什么？什么时候用？谁来用？怎么用？它能干什么？"等问题吗？！

我来给大家简单地解释一下它的逻辑是什么、它有什么用以及它怎么用。PI 值，是衡量超市购买指数的指标，计算公式如下：

数量 PI 值＝购买件数÷款台通过顾客数×1000（调整前）

数量 PI 值的含义是每 1000 名顾客通过款台的平均购买商品件数，如果将等号右边的购买件数换作购买金额的话，那么同样可以计算出金额 PI 值。

在这里我们需要注意和调整的地方是最后的"×1000"。超市来店人数多以千人为单位，那么我们在做商品或部门分析时，如果也计算千人平均购买件数或千人平均购买金额的话，数值会过于笼统，不容易看出问题。那么在应用中将千人调整为百人，也就是"×100"较为妥当。调整后的公式如下：

数量 PI 值＝购买件数÷款台通过顾客数×100（调整后）

那么，计算出各门店数量 PI 值后该如何应用呢？并不是说算出数量/金额 PI 值，知道各门店、商品的指标就完了，PI 值的目的在于帮助各部门做出调整以及销售预测，进而提升整体销售。比如通过上述公式的计算，我们还可以推演出：

销售金额=数量 PI 值×商品平均单价×顾客数

也就是说，**提升销售的有效手段有 3 个：①提升数量 PI 值，也就是顾客购买件数；②提升商品/品类/部门的平均单价；③引流、增加来店顾客数。**

另外，通过数量/金额 PI 值的计算，可以找到销售的问题和短板。因为 PI 值是按照顾客实际购物为基数计算，因此无论门店面积大小和位置，算出的各门店 PI 值是可以进行横向比较的。那么我们就可以算出，一定期间各个门店整体 PI 值指标的高低，进而考察各个卖场、各个品类，甚至各个商品的 PI 值情况，进而找出问题并做出改善方案。这是关于 PI 值的实际应用。

（2）改善业务不仅需要具体的流程和标准，更需要提升管理层思维流程，达成业务上的共识。在超市经营管理过程中，相比业务操作来说，更多的是各部门沟通协调问题。协调沟通不畅的基本原因在于，小利益集团各自为政、没有达成业务上的共识。这也是海外考察和研修学习的目的之一，在考察学习的过程中，不仅要把业务知识学到手，更要学的是提升管理人员的职业水平和管理思维。

在赴日考察的很多时候，大家都急于求成，急于从日本超市管理者或是培训老师那里找到问题答案。这里我想说的是，即使你知道了答案也学不会，因为你只想快、立竿见影，只想知道现状（企业的问题）、手段（自己马上可以模仿）、结果（对方的效果），而不想花时间和精力去了解过程，或者说企业迫于竞争压力和业绩考量，没有时间去消化调整。要知道，这样学习就是自欺欺人式的学习，所以海外考察花了很多钱、很多时间，结果拿回来的东西无法落地实施。就像大家去学游泳，不下水就在岸上把动作、步骤甚至技巧都记下来了，还花了半天时间观察别人怎么游泳，觉得自己都会了，但回去以后还是不会游泳一样。按说该学的都学了为什么还不会游呢，因为你不知道水还有阻力，身体和肌肉在水中需要抗阻力，还需要平衡水动力，身体和水接触后的承压反应每个人都不相同，需要反复练习进行自我适应和自我调整，这和我们超市经营管理是一样的。

海外考察只是学习的一个手段，而不是全部。如果可以和超市管理人员交流，要做好充分的准备和事前了解，在交流时着重了解"How to"，交流过后将了解到的"过程"总结成自己企业的"Know how"进行信息共享和应用讨论。特别是在之后的应用讨论中，需要相关部门共同参与应用方案，只有达成各部门的认可和共识才能顺利地推动落地。这可能要花较长的时间，其中包括对内容的理解、分歧、解释，以及各部门是否愿意配合对现状做出调整等问题。

03 对PDCA业务循环的误解和发现问题的重要性

大家对PDCA业务循环（图2-3）并不陌生，它分别是"Plan（计划）"、"Do（执行）"、"Check（评价）"和"Action（改善）"的英文首字母缩写。

一项业务从系统的计划开始，有了计划各个部门各司其职分别推进自己负责的内容，之后是对该业务执行情况的评价，这包括检查项目是否按照预定计划进行和是否达到阶段目标，同时在执行过程中是否存在问题等，最后针对评价内容改善业务，如此达到一个完整的循环。

很多情况下，我们坚信好的开始是成功的一半，所以对开始前的计划尤为重视，也会花很多时间去做协调和详细安

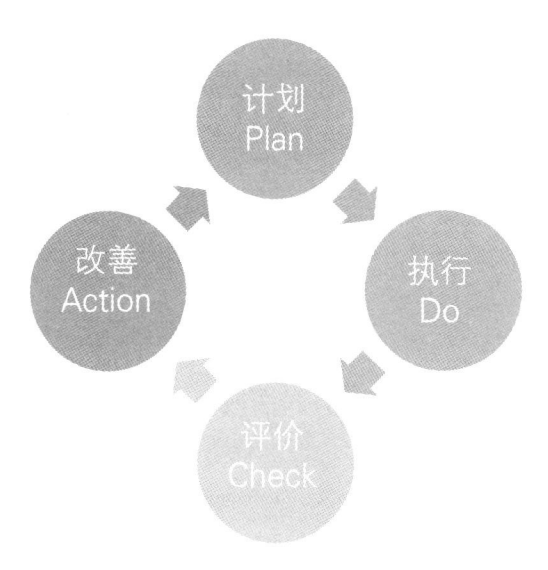

图 2-3　PDCA 业务循环

排。同时我们也重视执行力，各部门是否按照计划执行，这包括商品到货情况、门店摆放等等。但重视"计划"和"执行"的结果往往间接使得大家对"评价"和"改善"关注程度的弱化，毕竟"计划、执行"属于事前和事中，看起来对"结果"的影响更大更直接，而"评价、改善"则是事后诸葛亮。这种想法不仅使得业务循环失衡，还会导致组织在潜移默化中将 PDCA 变成 PDPD，也就是 Plan-Do-Plan-Do，永远在计划、执行，这一点是需要管理者特别注意的。

其实在超市日常经营管理中，很少有需要做新计划、新方案的情况，即使是非常重要的销售计划书，也是拿同期的计划来修改调整。所以应用中的业务循环的重点，应该是"评价"和"改善"，在发现问题和自检中提出改善预案，然后对原有计划进行调整和执行。

除此之外，PDCA 循环的应用范围很广，从个人管理、每日工作检查、厂家谈判、商品进货等，工作中的各个环节都可以通过"发现问题→评价→改善→计划→执行"流程提升工作质量。

表 2-1　调整后业务循环框架和内容

调整后业务循环	具体内容
Check（评价）	1. **特定活动** 物资协调和安排，目标达成，计划执行情况，活动期间发现/发生的问题，突发事件等 2. **日常工作** 部门沟通效率、效果，执行情况（时间是否有延误，部门是否有推诿，执行是否到位等）、货源稳定、人员效率等
Action（改善）	将问题罗列整理，按照"重要度紧急度"进行4象限分类，优先解决"重要"的事情，而不是"紧急"的事情
Plan（计划）	针对评价和改善优先级，对计划做出调整和具体的、明确易懂的指示
Do（执行）	执行的重点是和实施人员沟通并达成共识，需要多次反复双向的沟通

这里提到发现问题，问题在哪儿？在日常工作中如何才能发现问题呢？

首先我们要重新审视什么是"问题"。很多时候我们会从现状中找问题，你可以试着罗列一下现在的工作中有哪些问题。

罗列后我想请你思考，为什么你觉得它是问题呢？你的同事或者上司也觉得它是问题吗？答案如果是"是"，那么请你试着用一句话描述"问题"的定义；如果答案是"不是"，那么请你想一想为什么你觉得的问题在别人看来无所谓。

其中的原因在于两点：一是每个人心里都有对各种问题的标准，也就是我们所说的"目标"：工作应该是什么样的；二是这个目标是否具有客观性。

了解这两点后，我来简单地给"问题"下个定义：**"问题"是"现状"和"目标"的差距**。于是，我们发现问题是不是"问题"同时取决于，目标是否正确以及现状是否客观、公平。下面我们分别来看这两点。

04 设定合理的目标的作用和目标量化

目标设定合理与否决定了它是动力还是阻力。

举个例子，1月销售计划中门店销售目标1200万元（同比增长20%），1月底该门店实际销售额1100万元，销售目标达成92%，那么大家觉得没有完成的8%是不是问题？该门店店长业绩指标没有完成绩效奖金是否应该减少？

这里我们要看的不仅是结果，还要考虑之前目标的设定是否合理、有效。参考标准除了要看上年同期比、环比等内部指标外，还要看外部环境指标，比如行业销售情况、门店平均销售情况等。如果我告诉大家，这是发生在2020年1月新冠肺炎疫情暴发、经济低迷、消费急速萎缩时期的数值，那么大家对92%的达成率又会做出怎样的评价？上年同期销售1000万元，本年销售额1100万元，在限制营业时间、进店人数等情况下仍实现10%增长，虽然没有达成目标，该门店店长是不是应该受到嘉奖？

通过这个例子就可以看出设定目标的重要性，合理的目标设定可以激发团队和员工的积极性，另外设定目标后我们也要根据环境变化，特别是突发事件对目标达成考核标准进行调整。**合理的目标是指员工需要付出一定努力才能完成的工作目标**，就像你想拿柜子上的东西，踮脚伸手还不够，还需要蹦一下才能够到。也就是说，合理的目标需要让你看到希望，还有实现它的可能性，你才会想要试着努力一下。如果完全够不到边儿的话，那么也就不用白费力气去努力了。

另外就是目标的量化。营业目标多采用量化标准，比如销售额、利润、在库金额等，除此之外的供应商谈判、卖场陈列、店员工作状态等定性指标也需要量化。在此过程中多采取相关参与人员评分的方法，对该指标进行考察和设定。

图 2-4 所示为东京都内食品超市熟食销售区域的自制面包卖场，中午 12 点左右陈列区商品充实且摆放整齐，价签和海报明显醒目，并且通过标出面包出炉时间向顾客传达面包"新出炉、口感好"的信息，没有被推销的压迫感。那么，关于该类商品的卖场陈列的目标设定和评价应该如何进行量化，我们通过表 2-2 做进一步学习。

图2-4 超市熟食区自制面包卖场陈列

对于面包销售区域，可以通过销售计划书执行情况、区域陈列以及商品评价三个侧面进行整体卖场陈列评价。超市运营管理中最常遇到的问题就是销售计划书执行不到位。商品部门做好销售指导书后发放到各门店，门店店长监督各部门课长执行实施，但很多情况下会因为种种原因执行不到位，比如该陈列的商品到预定时间没有摆出来，陈列位置和方法五花八门等。那么，对于这个无法进行量化的工作该如何指导和评价呢？在表2-2中详细罗列了陈列的量化指标。这些指标采取5分制打分，完全按照销售计划书执行时打5分，依次评分递减，打分人员采取多人打分制（卖场员工、课长、店长、商品部/营销部），可最大限度消除主观因素，做到对该卖场陈列的客观评价。

表2-2 定性类工作量化评价指标

面包卖场陈列量化评价指标 (100%, 5分; 80%, 4分; 60%, 3分; 40%, 2分; 20%, 1分)	评分（满5分）				
	5	4	3	2	1
■ 销售计划书执行、落实					
1. 商品种类					
2. 每种规格的充实度					
3. 价签金额更新					
小计					
■ 商品评价					
1. 外形美观，无破损、挤压、焦煳等					
2. 口感（松软/蓬松/咀嚼感/弹性/硬）					
3. 味道（甜度）					
4. 各品种商品大小均一					
5. 各品种商品重量误差					
小计					
■ 区域陈列					
1. 区域价签风格统一（PP）					
2. 整体陈列整洁					
3. 各规格陈列整洁统一					
4. POP、海报张贴位置（IP）					
5. POP、海报个数					
小计					

注：PP（Point Presentation）是指区域划分，通过动线引导顾客。IP（Item Presentation）是指商品区域，类似商品就近摆放，通过颜色、规格等划分商品区域。

05 保持问题意识，了解事情应该发展成的样子

对于超市管理工作，仅有合理的量化指标是不够的，时刻保持问题意识是一个管理人员必备的能力。

什么是问题意识呢？它是你对一项工作的认识，也就是对该工作"本身应该是什么样子（目标）"有清楚的了解和认知。作为超市管理者，如果你不清楚"目标"是什么，就无法对现在的工作进行评价，也不知道哪里做得好、哪里做得不够。所以，问题的发现源于对事物本该有的样子的了解和问题意识。

一件工作它本应该发展成为的样子是什么？可以参照标的企业，通常是行业优秀企业。同时，目标设定要符合本企业的经营战略，不能盲目效仿，否则会造成前一节说的目标不合理的问题。

那么，问题意识是什么呢？通俗地讲，就是在工作中不断思考是不是还有改善的余地，有哪里做得不足，并将这种思考形成习惯。需要注意的是，它不是无谓的质疑，而是从

参与者角度考虑该工作是否还能有所提升,这个提升空间就是问题所在,发现问题后下一步就是分析原因。

关于如何查找问题原因,我们在引言中提到丰田式5个为什么的方法(图2-5),对于日常工作中遇到的问题可依此追问原因。丰田的做法是通过问为什么确定直接原因,并以此反复5次基本可以找出最本质的原因。

由图2-5我们可以看到,如果只是初步查找问题,发现是因为超载导致保险丝断裂,那么降低产量是不是能解决问题呢?答案是不能。因为问题的本身是过滤器,只要过滤器的问题没有解决,那么今后机器停转仍然会发生,区别在于降低产量后机器停转的频率可能会低一些。

这里介绍的寻找根本原因的方法只是初步工作。要想系统地了解和解决问题,需要更缜密的逻辑思考方式。也就是:①原因整理(直接原因、间接原因);②因果关系梳理和确定;③确定真正原因。下面我们针对超市整体销售业绩下滑的问题进行详细解说。

在上一章PI值的理解里面我们提到了影响销售的3个方面,我们将它作为直接原因(一级原因),之后应用上面问为什么的方法列举了二级(7项)、三级原因(11项)。列举

超市攻略

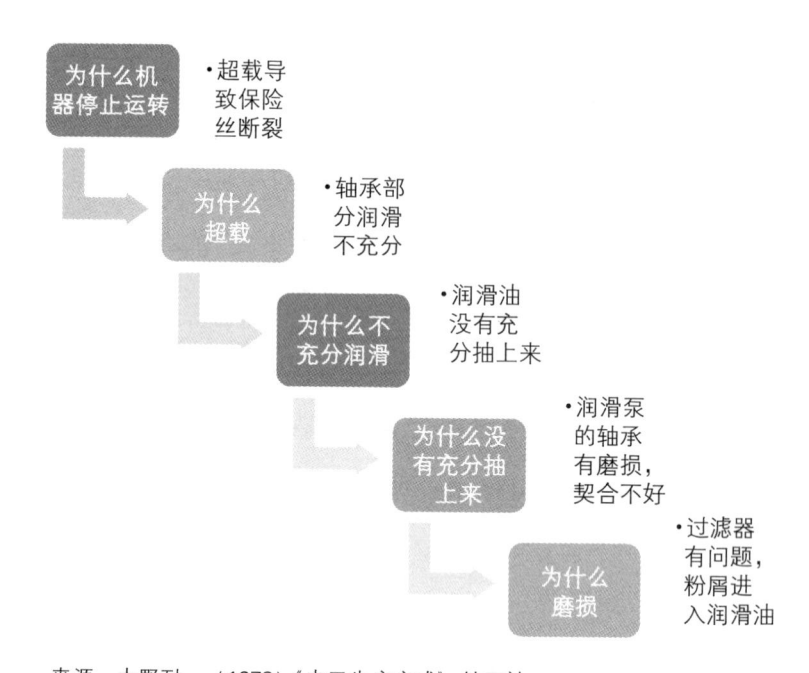

```
为什么机器停止运转
  · 超载导致保险丝断裂
    ↓
  为什么超载
    · 轴承部分润滑不充分
      ↓
    为什么不充分润滑
      · 润滑油没有充分抽上来
        ↓
      为什么没有充分抽上来
        · 润滑泵的轴承有磨损，契合不好
          ↓
        为什么磨损
          · 过滤器有问题，粉屑进入润滑油
```

来源：大野耐一（1978）《丰田生产方式》钻石社。

图2-5 丰田生产管理5个为什么查找原因图例

原因后，我们对18项间接原因进行因果关系整理，这里有两种方法：一是业务逻辑关系梳理；二是通过实际销售数据挖掘整理逻辑关系（图2-6）。

我们利用前者逻辑关系梳理做出分析后的结果如下：首先，社区团购等竞争对手行为导致顾客流失更多地属于外部不可控因素，对于超市来说挽回流失顾客要付出较大成本，不应作为超市应对重点。

第二章 超市管理层考察学习效果考量

商品战略调整　顾客视点

外部不可控

三级原因
- 社区团购价格低
- 社区团购品种多样
- 社区团购发货速度快
- 对手门店促销活动
- 进货/商谈侧重低价商品
- 和社区团购竞争，倾向于中/低价商品
- 关联商品就近陈列没做好
- 消费者动线存在问题
- 卖场POP等宣传不到位
- 商品呈现无法激发顾客购买欲望
- 不了解顾客想法和实际需求

二级原因
- 被社区团购抢走顾客
- 竞争对手实体店抢走顾客
- 商品/品类整体价格偏低
- 商品结构问题，高/中/低价格商品比例失调
- 关联销售少
- 非计划性购买冲动购买少
- 没有顾客需要的商品

一级原因
- 来店顾客减少
- 顾客购买单价降低
- 顾客购买件数降低

× ×

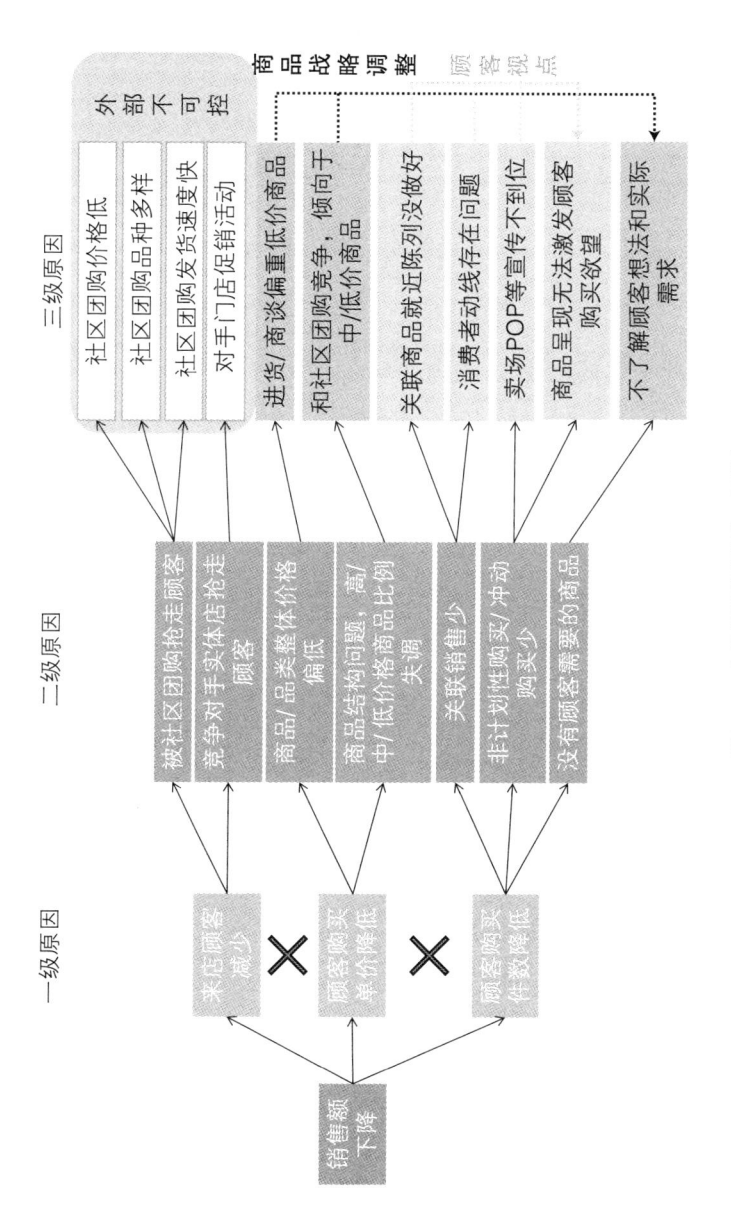

销售额下降

图2-6　查找原因逻辑整理图例

其次，超市自身商品结构问题导致顾客流失才是问题的关键。超市忙于应对来自互联网、社区团购的价格竞争，过度青睐网红商品和低价引流商品，导致商品结构失衡，造成中低价商品过多、卖场缺乏吸引力等恶性循环。

最后，找到问题症结后可以看到，重新了解顾客、针对顾客需求进行商品结构调整才是超市管理人员的当务之急。也许短期来看这样做对于销售增长并无明显帮助，但从超市发展来说是必要的。

第三章

什么是有效的销售计划书

01 销售计划书的目的

销售计划书是零售企业业务部门的工作重点之一。它的直观目的是通过销售计划引导促进商品的销售，全面提升企业销售额。一份好的销售计划更主要的应该是帮助**增加企业粉丝（creating fans）**，通过维系、扩大顾客群来实现销售额提高，而销售计划书是实现该目标的手段。所以，销售计划书的内容不只是销售指标的罗列和总部指示，还应该包括市场动向和消费趋势等内容，稍后我们会详细解释。

在图 3-1 中，我们按照①是否在本门店购物、②是否来店两个维度将顾客进行划分，除右上角为空外，另外三个象限分别是：不来店—不在本店购物（预顾客）、来店—不在本店购物（潜在顾客）、来店—在本店购物（真顾客）。

制作销售计划的目的是要实现顾客转化，让"预顾客"成为"潜在顾客"，让"潜在顾客"成为"真顾客"，甚至成为企业粉丝。其实根据销售数据中每一位顾客的消费周期和顾客利润贡献率，我们可以进一步将其区分为"一般顾客"和"重要顾客"，需要注意的是**"重要顾客"的价值在于利润贡献，而不是销售额贡献**，因为有些顾客虽然能带来消费，但是企业在他身上花费的成本更多，如果你把所有顾客划为一体，那么很可能会拉低企业的整体利润指标。

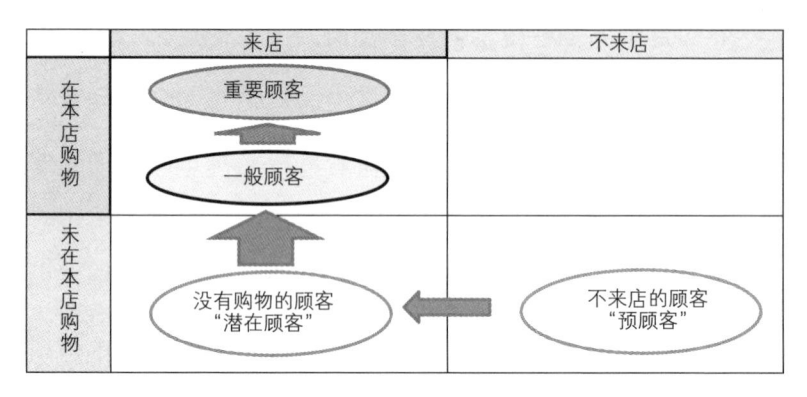

	来店	不来店
在本店购物	重要顾客 ↑ 一般顾客	
未在本店购物	↑ 没有购物的顾客"潜在顾客"	← 不来店的顾客"预顾客"

来源：流通综合研究所资料。

图 3-1　顾客转化促进流程

为了实现顾客转化，我们要把销售计划书做好，不仅内容要充实，还要对顾客有足够的吸引力。因为销售计划书的内容就是卖场的还原，其全部内容都要呈现在卖场中，所以**销售计划书可以说是为顾客购物提供服务的 BI（可视化）工具**。关于如何在卖场还原和呈现销售计划书，我们将在本章第三节加以说明。

02 销售计划书的内容设计

1）整体内容设计

如何让销售计划书更有吸引力？这里我们介绍一家日本知名超市集团的销售计划书框架，它包括表3-1中的11项内容，在此我们主要对"2.具体行动计划"、"6.促销计划"以及"11.月度主要促销主题计划"三项进行说明。

关于具体行动计划，主要包括两点：一是从消费市场的趋势和环境变化中寻找本企业的销售机会，其中包括：①气温的变化，②生活动向的变化，③饮食消费需求的变化（如夏季祛暑商品、应季果蔬和季节新商品情况等），④发生调整的政策法规以及相关重大新闻等内容。

二是针对以上变化，本企业应该制定哪些商品策略以达成月度目标数值。这里需要对各个市场变化的内容进行细化，针对每一项给出具体的方法和提案。

上述两项内容主要由**市场营销部门**负责调查，并将整理

表3-1 日本知名超市销售计划书框架

	1月	2月	3月	4月	5月	6月	7月	8月	9月	10月	11月	12月	
1. 去年·最近的销售业绩	○	○	○	○	○	○	○	○	○	○	○	○	
2. 具体行动计划	○	○	○	○	○	○	○	○	○	○	○	○	
3. 当月数值计划	○	○	○	○	○	○	○	○	○	○	○	○	
4. 每日销售计划	○	○	○	○	○	○	○	○	○	○	○	○	
5. 卖场变更计划	○	○	○	○	○	○	○	○	○	○	○	○	促销计划
6. 促销计划	○	○	○	○	○	○	○	○	○	○	○	○	52周、104周计划
7. 各部门每周进展	○	○	○	○	○	○	○	○	○	○	○	○	制作广告宣传单
8. 当月主推商品	○	○	○	○	○	○	○	○	○	○	○	○	
9. 主要卖场推进计划	○	○	○	○	○	○	○	○	○	○	○	○	
10. 气温变动对应商品	○	○	○	○	○	○	○	○	○	○	○	○	

11. 月度主要促销主题计划

```
年初商品的动向
重点·特色计划
创业休假的日历      ←1月份
情人节计划
    春季蔬菜计划
    春分计划        ←2月份
    情人节预订
    白色情人节计划
        女儿节计划
        温度变化对策    ←3月份
        花粉对策
        季节更替对策
            消费支出机会
            母亲节预约     ←4月份
                温度上升的购物动向
                季节更替预约计划  ←5月份
                    消费支出机会
                    气温·傍晚购物动向
                    夏季奖金支付信息  ←6月份
                    夏季清仓信息
                    中元节礼物计划
                        梅雨季节订单
                        台风接近时的体制  ←7月份
                        中元节礼物体制
                            盂兰盆节的数值计划  ←8月份
                            企业夏休信息
                                气温变动影响商品动向  ←9月份
                                圣诞节计划         ←10月份
                                    重点计划·商品计划
                                    圣诞节第2次计划      ←11月份
                                    冬季奖金信息
                                        重点措施计划
                                        年末年始,单品信息
                                        年底每日推进要点
                                 12月份 12月每周推进要点
                                        圣诞节重点商品每日动向
                                        年末重点商品每日动向
                                        圣诞节·年末数值计划
                                        圣诞节第3次计划
                                        特色商品每日计划
                                        冬季奖金的信息
```

来源:流通综合研究所资料。

的内容重点列在销售指导书中，为商品部门及各门店提供信息支持。

关于促销计划，也就是我们常说的52周营销，大家对于此已经不再陌生，早在第二章部门协作时我们已经给大家做了营销的流程介绍，当时重点强调的是完成一次促销活动的背后有哪些部门、以什么方式进行沟通交流。在这里我们的重点则是营销本身。也许你觉得每周做一次营销活动非常辛苦，因为它需要整个团队的协调和运转才能推进，但我想说的是，真实的情况是日本很多超市实际上是在做**104周营销，也就是一周以2次甚至3次的高频率在做营销**，这一点我在和一些超市负责人交谈中得到了验证。

为什么会这样呢？这也是从生活情景出发的。因为一周7天又分为平日和休息日，平日和休息日的生活模式，包括出行、在各种事情上花的时间、接触的人等都是不一样的，从而需求自然就会不同，所以如果你用52周的营销计划，每周做一次营销是无法平衡平日和休息日的不同需求的。

日本超市通常做法是，周一至周四做一期，周五至周日做一期。当然每个超市也有自己的营销范式，如有的企业是周二周三做一期，周五至周日3天或周六周日2天做一期，但基本上都是一周至少两次的频率。**事实上，各企业营销活动竞争的并不是商品，而是整个团队、组织的运转能否跟上节奏。**关于这一点我们将在下一个小节中介绍日本企业是如何做到的。

关于月度促销主题。明确全年各个时期的促销活动和主题，本月主题活动等计划以及它在全年活动中的重要度、占比和重点品类、商品等内容，可以帮助业务部门掌控全局和把握全年促销活动进度并及时做出销售计划调整，进而避免过度关注单次促销活动而陷入局部观。

2）内容传达和可视化工具

只有完整的、好的销售计划书是远远不够的，它的执行落实还取决于门店管理者能否清晰、明了地接收到全部信息，以及他对信息的理解程度。有时销售计划书落实不到位可能是因为门店管理者对于销售计划书的内容不甚了解，这既有总部的问题（如任务指示暧昧、表述不清等），也有门店自身的问题，特别是门店管理者的个人能力差异会对信息的理解造成很大差异（图3-2）。这就像老师讲课一样，有的学生一点就通，有的需要展开讲解才能明白，有的学生不仅需要展开讲解、自己回去查资料，还得老师带着做一遍才能明白。并不是学生不认真，只是原本接收能力就不同。

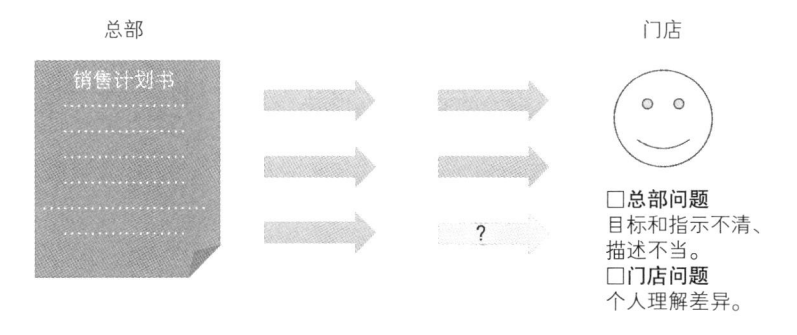

图 3-2　门店管理者对销售计划书的接收程度

　　销售计划书制作者在一开始就要清楚接收者的能力，并且以一种简单、清晰、不会产生异议的方式传达给门店管理者，保证所有人看到后都能理解一致，这就需要下功夫。

　　要解决这个问题有一个切实可行的方法就是将销售计划转化成可视化的陈列指导。图 3-3 所示为对应每期销售计划书将各个卖场的陈列图纸化，并将各品类、各品种的销售额预期标注清晰，这有利于门店管理者将文字、数字可视化，在脑中形成直观的印象，同时在图纸对应位置做出标注和具体指示，如陈列的"关键点"等重要信息，避免遗忘。

　　另外，在陈列实施指导对应的图纸上，对该部分的商品品

超市攻略

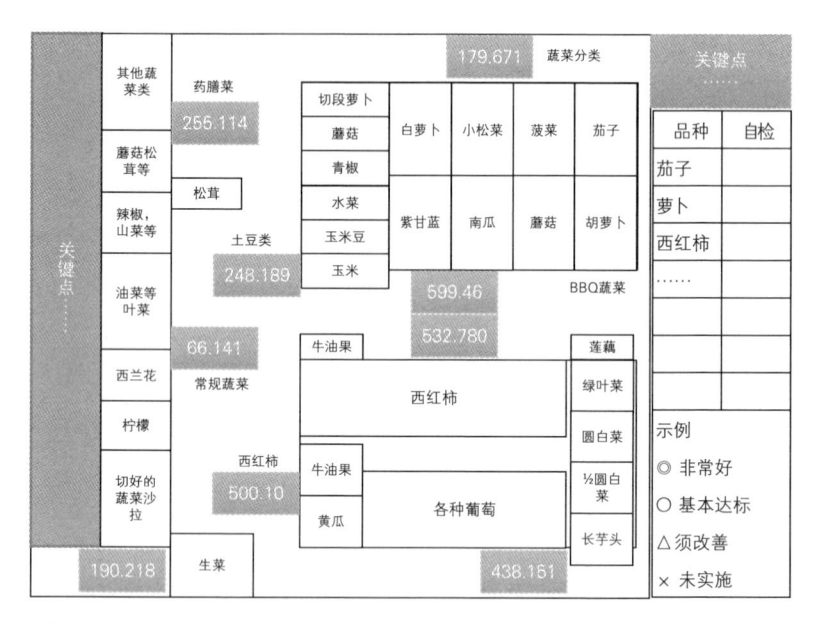

来源：朝日新闻（2018年11月18日）"畅销年末商战展开计划 通过2个图表看卖场布置的4P"。

图3-3 卖场陈列和销售额目标预算

种设有"自检"栏，方便门店管理者在实施后进行查漏补缺，如图示中显示将陈列的实际情况进行记录，重点针对"△""×"进行调整。

在销售计划执行过后，对各部门各品类业绩进行评价考核时，可以通过图3-4所示销售业绩反馈和图3-5所示卖场陈列和实际销售额达成情况来综合考评。

第三章 什么是有效的销售计划书

品类	商品	1月	2月	3月	4月	5月	6月	7月	8月	9月	10月	11月	12月	合计	实施反馈	卖场陈列照片
		目标销售额 实际销售额 达成率 上年实际销售额 上年达成率															
		目标销售额 实际销售额 达成率 上年实际销售额 上年达成率															
		目标销售额 实际销售额 达成率 上年实际销售额 上年达成率															
		目标销售额 实际销售额 达成率 上年实际销售额 上年达成率															

图3-4 销售业绩反馈

079

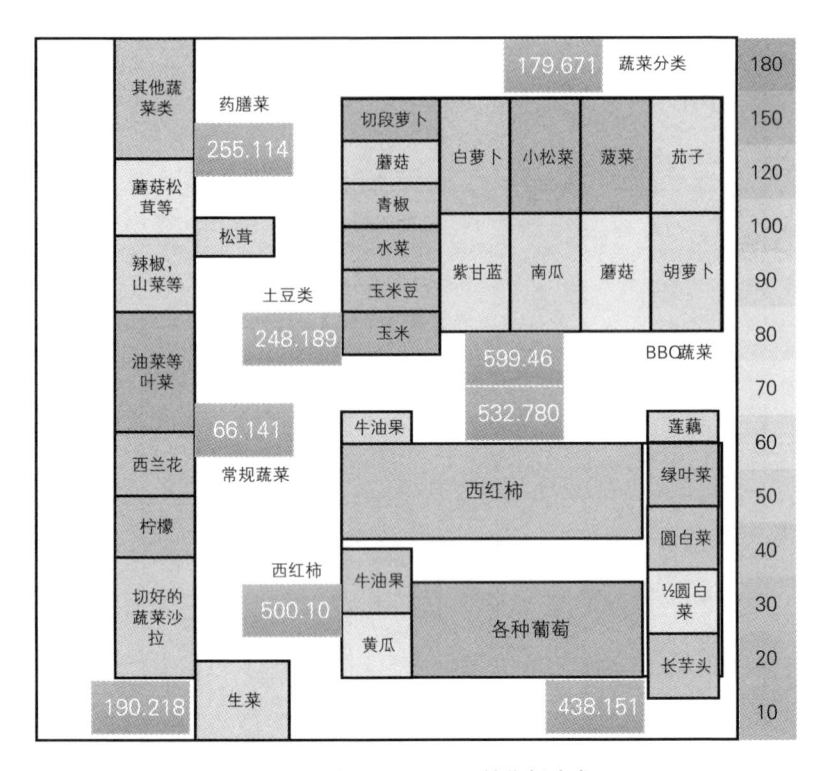

图 3-5　卖场陈列和实际销售额达成

前者着重品类销售的成长和达成，包括各月销售额和月目标达成情况，以及和上年度的对比；后者着重卖场销售效率，图例为各品种达成度，可根据企业需求自行设定数值标准和颜色区分，各区域的实际销售业绩达成百分比情况直观地反映在图纸上，便于管理者把握卖场整体销售情况，同时针对薄弱区域找出问题并讨论解决方案。

值得一提的是，该方法不仅适用于卖场销售业绩考量，同样可以用在货架销售业绩考量以及货架在库数考量上。

03 销售计划书的实施和部门合作

前面我们提到好的销售计划书是为顾客提供服务的可视化，如果销售计划书、陈列实施指导能够被100%执行，那么企业的思想、理念和理想的卖场自然能完全展现给顾客。但很多时候门店在执行时落实不到位，如卖场布置不到位，商品排面、数量、摆放呈现不全，POP等信息提示不到位等，这就让销售计划书的效果大打折扣。

为什么会不执行或者落实不到位呢？除了对内容理解不到位以外，**很多时候是门店不知道怎么执行**。比如销售计划书里商品出品、摆放等是统一版本，但各门店位置不同、客群不同、门店面积大小和建筑体物理空间不同等，因此在没有——指示时，门店会按照自己的实际情况增删变更卖场呈现，自然会出现上述结果。业务部门在进行门店检查时，发现很多地方没有按照计划摆放。

为了保证销售计划书执行落实，这里我给出三点建议。需要注意的是，这三点不是独立的，而是相辅相成的。

1）统一版本中的标准和变通，样板店的参照效果和现场沟通

每个月业务部门会制定下月销售计划书，并于月底前下放至门店。计划书内容包括主题促销、主推商品、重点商品、展示等，同时对各个门店主推商品数量、要求会有明确指示，要求门店严格执行销售计划书。这也就是我们说的统一版本、标准内容。

但事实上各个门店所处的商圈、店内情况各不相同，执行中可能有困难，一旦沟通不到位就会产生落实不到位的问题。因此我的建议是在销售计划书中**将具体指示的目标、目的、执行标准、内容进行可视化**，通过加入**实际执行后卖场陈列照片**等实现标准中的变通。

通过具体形象的指示，让看到和执行销售计划书的人有章可循，知道执行后**应该是什么样**的，并以此为依据促进本门店的执行落实情况，而不是像之前一样各门店根据想象来落实卖场。

关于执行后卖场陈列照片，大家可能会存在时间差的疑问：5月份制作6月份的销售计划书时，卖场还是5月份的布局，怎么添加6月份还没有执行的现场照片呢？这就涉及我接下来要说的做出样板店，通过样板店的实际布局和问题给其他门店做出参照标准。

请大家记住"**三个一**"**原则**。通常情况下月度促销活动会在三个月前确定活动主题，由市场部分析市场、消费者需求，并由商品部做出商品提案，之后召开各部门协同促销企划会议，针对提案进行讨论和修改，确认方案后商品部门和厂家洽谈沟通确定进货等各项事宜，同时商品部协同样板店在活动开始**前一月**左右进行样板店卖场布置，按照销售计划书进行现场呈现。图3-6、图3-7所示为装饰物、POP规格和位置摆放，图3-8、图3-9所示为主题商品和商品在各个销售区域的陈列、注意事项和料理样本展示要求等。

之后将落地后的样板店的重点布置区域拍照、添加说明后加入销售计划书中共享给各个门店，同时在活动开始**前一周**在样板店举行门店店长碰头会，由商品部带领各门店店长，

超市攻略

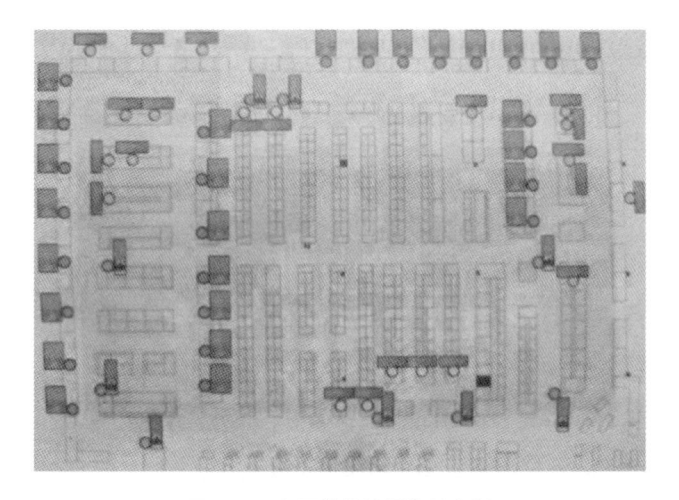

图 3-6 主题装饰位置指导实例

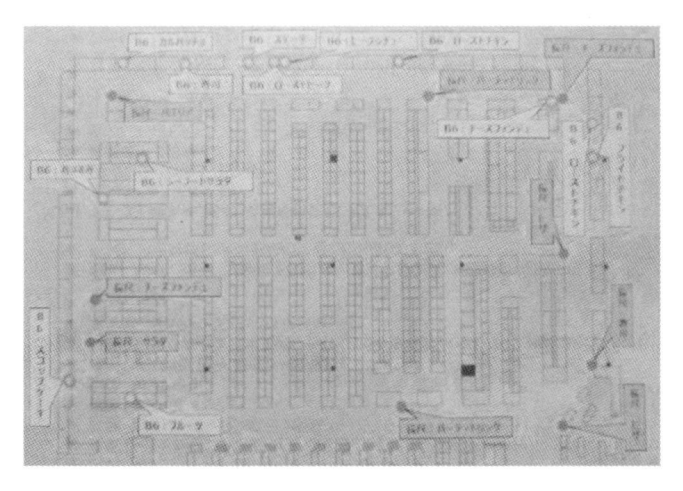

注：不同颜色表示不同规格 POP。

图 3-7 POP 主要摆放区域实例

第三章 什么是有效的销售计划书

图 3-8 中华料理主题促销企划实例

图 3-9 鲜肉卖场布局指导实例

参照销售计划书内容进行现场呈现，特别是重点销售区域的确认，并在现场答疑解惑。如有个别门店布局特殊、不知如何陈列摆放等问题，当场做出指示和明确答复。

在活动开始**前一天**商品部各课负责人转店，将门店布置的照片共享给店长，特别是对于"落实到位"和"落实不到位"的卖场照片要告诉大家哪里好、哪里不好。需要注意的是，在与门店店长等沟通过程中注意沟通语言，做到对事不对人。

2）销售计划书是总部和门店共同意识的呈现

销售计划书落实不到位的另一个原因在于它是总部的单向指导或指示。事实上销售和销售计划的执行者，也就是第一线的门店才是主要角色，因此销售计划书制作和完成之前都需要和门店店长/课长进行会议沟通，这个过程不是"自上而下"单方面地传达商品部的决定或指示，而是要听取一线负责人的意见和提案，可以说刚好相反，应该是"自下而上"的，是总部各职能部门为一线销售提供牵引和支持的过程。如图 3-10 所示，销售计划书应该是门店（一线）和总部（各职能部门）沟通反馈后的书面结果。

(a) 现状–单向指示 (b) 目标–双向沟通

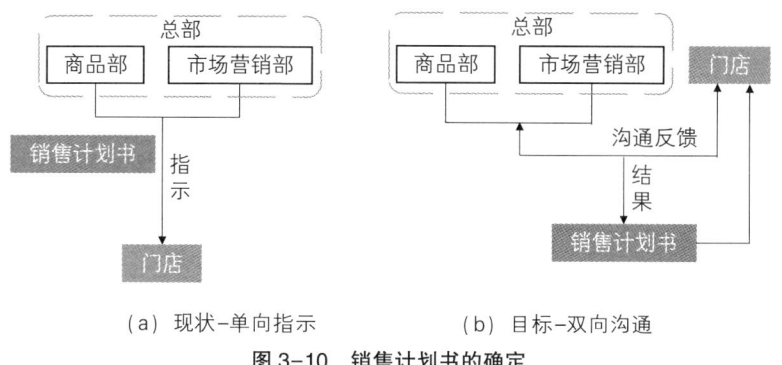

图 3-10　销售计划书的确定

整体销售计划书的确定应是自下而上、双向沟通的结果。实际上门店销售计划也是如此，门店销售任务课组规划由店长制定，具体到各品项、品类课及单品销售目标和提案应该由责任店员和课长商讨制定，特别是商品提案、中食菜品提案等通常是由店员提出的。

这里要特别说明日本超市店员的一个特点，就是主妇居多，她们不仅是超市的员工，同时也是超市的客户。因此，从某种程度上来说她们的需求或意见可以反映商圈消费者的需求。认识到这一点也就能理解课长和店长为什么会尊重和重视店员的提案了。

对于门店员工的管理除了实务层面（排班、出勤、日常工作等），更多的是要激励员工的能动性和创造性，比如让一线促销人员参与每日店长会议并听取其好的建议，再比如使用关爱性语言等。图 3-11 所示为门店各个课组员工制作的希望听到的"积极、表扬"词语和不希望听到的"消极、负面"词语，店长和课长在日常工作的监督和指导中使用，营造积极向上的气氛。

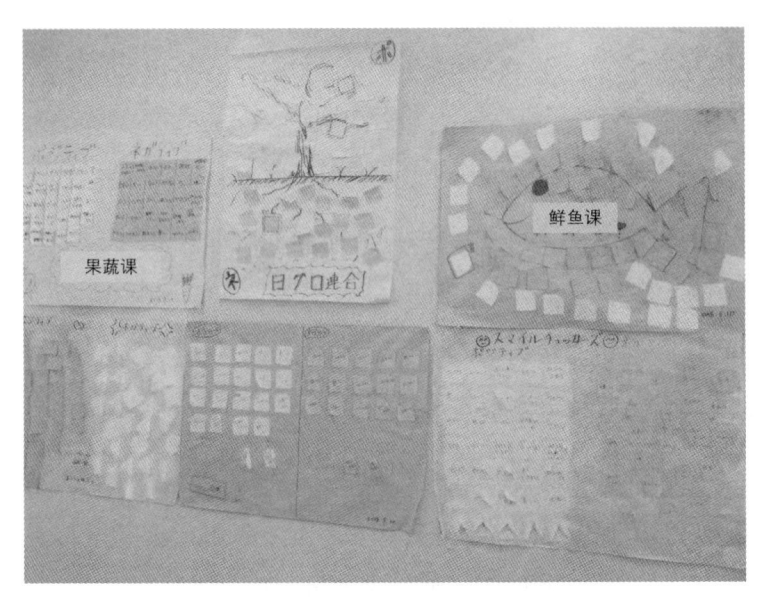

图 3-11　员工激励关爱词语

3）门店执行反馈和即时调整

销售计划书执行时和执行后，一定要有反馈过程。也就是在整个执行过程中将问题点和疑问做好详细记录，最好有现场照片以及一线员工意见，在促销活动过后总部会议中做出反馈并商讨对策，这一点非常重要。本次活动的反馈为次年活动的参考和改善点，也就是我们在本书第二章提到的PDCA 的 CA（评价反馈和改善）。

国内很多超市企业热衷做促销，风风火火搞得很热闹，做完了只看业绩达成、利润达成情况，各部门给总部领导汇报业绩和问题，然后就开始计划下一次促销活动。这样的反馈根本没有意义，大家各自看一下报表就好了，开会反而浪费时间。

这里说的反馈包括两点：一是业绩指标的定量和定性评价。定量评价主要对①顾客数、②顾客购买件数和③客单价的增减进行考量。很多企业会重视业绩达成、环比、同比等指标，这些是企业主观指标，在实体店竞争激烈的背景下，已经达不到很好的考量效果了，所以要转为客观评价，也就是顾客视角。定量评价反馈的目的是看顾客对本次促销活动的认可度、顾客需求的满意度，而不是自己跟自己玩，自己定个目标，110%完成就觉得效果很好。

定性评价则是各个部门对自己问题点的总结，商品部的问题点、营销部的问题点、各门店的问题点、客服部的问题点等,把各部门问题列出来,通过反馈会议找出共通的问题,对各部门内部无法解决、需要多部门协调的内容在会议上讨论解决方案。

二是重在细节的提出,通过细节找出问题具体出在哪里,并针对问题给出改善方案。它需要细化到每个卖场、每个课组、每个品类甚至个别商品的情况。

04 销售计划书实例——食品

1. 上年销售达成情况

1)"提高毛利额"是最大的课题

①销售额目标预算达成106%,损耗维持在3.2%,毛利额超过预算水平。

②利润目标预算达成115%,有大幅提升。

在销售额方面,实施了"周一、周二"、"周三至周日"和"周末特价促销"活动。

在宣传单的诉求方面,以增加来店顾客数为最优先目标。

2）把价值、话题性和价格诉求体现并聚焦在活动商品上，注重以集客和提升销售额为目的的企划诉求。

毛利水平较低、利润大幅下滑的月份和商品明细①。

增加厂商赞助，通过宣传单强化顾客对商品的诉求。尤其是针对生鲜部门的利润水平恶化，为了首先达成集客和确保销售额的目的，应该拿出能应对"价格诉求"、"活动性/话题性"和"季节/饮食生活变化"这些关键概念的企划，力争彻底实现"减少损耗与提高毛利"的综合目标。

2. 具体的行动计划

1）确认市场和顾客需求变化→寻找销售机会！

〔气温变化〕

① 尽管天气预报显示秋老虎还将持续，但也会出现最高气温为20—25摄氏度的日子。

② 会出现台风、雷雨天气，但天气预报显示降水量较少。

具体见补充资料①和②：受气温影响的商品和在库预测。

〔生活情况与变化〕

① 暑假结束、新学期开始，(有孩子的家庭) 将回归正常

---

① 对应商品明细表（本处因涉及企业商业信息，故省略明细表）。

生活。

② 学校活动较多，便当和早饭的需求增加，这些都因地区情况不同而有所不同。

③ 是生活方面的活动和节日较多的一个月，比如十五夜、敬老节、秋分（彼岸节）、防灾日、羊栖菜日等。应该积极利用机会，展开攻势。

④ 地区运动会、集会等活动较多的一个月。

〔饮食生活的需求〕

① 尽管凉味商品仍然是主推商品，但这也是对凉味产生厌倦，想品尝"秋季美味"的时期。

② 想比别人抢先一步品尝刚上市的时鲜和美味（从体感温度和心情方面考虑）。

·新上市的大米和秋刀鱼、蘑菇、苹果、巨峰葡萄等秋季美食

③ 希望品尝到与以往不同的、既有新意又健康的商品，注意容量便于顾客购买。

2）具体的行动要点→商品计划和具体目标数据明确

〔主题和企划重点：秋季味觉与新型商品的销售扩大〕

① 9月的餐桌上依然会有夏季"凉味"商品，但明显向

秋季食材转变。

9月商品波动具体见补充资料③：销售提升和下降的商品群

·在单品诉求方面，用相关商品"群"大幅改变卖场，诉求"秋季味觉：时令食材"

·果蔬：在平台陈列时设置"推荐做法"专区，设置演示+原有卖场的专区

·鲜鱼：以秋刀鱼、秋鲑鱼为主向顾客提案相关菜谱并扩大活动单品

·在加工食品和日配食品方面，把秋季新品设置成专区陈列（用试吃、试饮来待客销售）

·在"时令食材"的销售方面，要强化并彻底贯彻利用"待客备忘录"对销售方法进行提案的做法

②从8月20日（周三）开始实施向"秋季味觉"转变的事业部卖场变更。

·在凉味商品方面，根据每日的气温变化灵活应对（紧随气温变化，拿出相关诉求）

·实施尽早引进中华肉包和关东煮等熟食的体制（8月6日周三起开始准备）

③8月后半月开始，从"新学期"、"地区/学校活动（运

动会)"出发,进行提案和诉求。

※9月前半月开始,进行"敬老、秋分(彼岸)、十五夜"的工作。

·将使用时令商品的"简易便当类/现做熟食"等相关商品和住居部门也进行联动

·新型商品的专区化(试吃、试饮)早期发售+待客型促销诉求

只有"秋季味觉"是无法满足顾客需求的!→要引导顾客的饮食生活!

④ 针对地区和生活中的活动进行新的提案,加强展销会等活动的企划。

·9/3—9/7:秋季味觉(第2波)

·9/10—9/15:信州产品展(部分地区除外)

·9/17—9/21:彼岸节企划+中华食材展

·9/24—9/28:日式牛肉火锅&涮锅

上年"中国产的松蘑"中检测出农药,从有机大豆100%中检测出有三成的豆腐和纳豆不符合标准,另外使用了未登记农药的农产品问题可能波及全国。由此可见,我们要销售产地安全性经过确认的农产品。

> 把现状当作机遇,加强"明确生产者"等放心、安全的全面诉求,推进改善销售方法和展开方法。

尽早推出时令食材/清晨采摘/加强烹调加工等单个销售的企划。

换季时节/根据气温变化,彻底变换从卖场到菜谱的氛围。

★除了宣传单以外,针对各地的夏日庆典和活动、灵活开展销售活动(以营销部长为主)。

⑤ 厂商协办+创造话题性。

· 9/2—9/7:秋季意大利商品展(B4的另附宣传单)

· 9/25—10/1:酒类—独立宣传单(限定门店:B4宣传单)

· 9/30—10/5:加油健康展(B4的另附宣传单)

3)加强宣传单诉求(气温变化·经济性·生活节日·时令素材·新上市)

· 利用三周前的信息努力提高每个重点主题销售计划的精确度(加强从销售到商品部的合作)。

· 周一、周二特卖 以高频商品的价格诉求+单个商品的散卖、称重销售企划为基础制订单个销售、称重销售企划的计划。

· 周三—周日特卖 应对气温(冷暖变化),提出针对生活节日的主题企划

·周六—周日特卖 周末的活动性，拿出比平常更高端的商品企划

→追加"冷冻食品全场4折"

·针对夜里23点停止营业的情况，变更活动攻势和商品组合

对作为生活节日的敬老节、十五夜、彼岸节相关的"夜市"进行提案。

→热食品、小份夜宵（零食）、手工制作感和稍显高级的食品

→将专区化、容易购买和积极推荐品尝的待客服务相结合

"挑战晚间试吃/试饮"→实施半天促销员和晚间专用员工菜谱提案

·应对生活节日→对于小活动也从个别门店/地区来应对，强化与住居部门合作展开活动

·黑猪日（9/6）、十五夜（9/11）、敬老/羊栖菜日（9/15）、萝卜苗日（9/18）

·进入彼岸（9/20）、彼岸结束、(9/26) 日本酒/咖啡日（10/1）

3. 9月营销主题及数值计划

<u>从"盛夏型"到"秋季型"：如何让时令食材和新上市的商品呈现在顾客面前，从待客方面增加购买数量是工作中最优先的关键点。</u>

1）从仅仅陈列时令商品的卖场，向搭配吃法、味道和食用方法的全面搭配转变。

"鲜秋刀鱼"事例

·从8月中下旬开始大力诉求新上市商品（从乐享秋刀鱼的脂肪量和口味进行提案）

·进入9月后根据捕捞量和品质，将商品投入市场（随着行情诉求规格和价格，准备替代品）

·对每周菜谱进行提案：从基本食谱到意大利菜（根据待客备忘录提案）

·加盐烤~用加入黑葡萄醋等调料的健康做法诉求新菜谱

·直观体现产地直销的表演（与产地/渔港协办，拿出相关办法）

·营造出从根本上改变想法的卖场，将卖场作为"用法提案"的舞台进行诉求

今年的行动重点

→不是将"生秋刀鱼+白萝卜和佐料"关联起来，而是将卖场打造成为"让顾客觉得一起购买是理所当然的"。

→针对"想吃生秋刀鱼，但不想处理肠肚和厨余垃圾"的顾客需求，实施彻底的处理加工。

9月计划：达到上年的110%（鲜鱼：鲜秋刀鱼合计）

（生鱼片、白萝卜、调料、烤鱼等共计（上年的115%）

2）针对"生活节日"推出新活动

"敬老日"事例

往年是从提高销售额规模来考虑"敬老节"，所以只停留在日式新鲜带馅点心、插花等单品的诉求上。

> 特别制定了"敬老节"活动企划提案。
>
> 将活动作为自信满满地宣传快乐的新发现及关心他人的舞台来诉求。

今年的行动重点

→呈现面向老年顾客的新型MD商品（去骨腌鱼、新鲜带馅日式点心、日本酒等）

→推出小分量的高端商品（牛排/生鱼片拼盘）

→从各门店及地区特点出发，推出新鲜带馅日式点心、茶等活动

→装在日式餐具中的生鱼片和生鱼块，积极投放价格优势与价值并存的新型MD商品

3）加强促销力度（每个营销周都做活动企划）

★无论如何，为了达成数据都要加大并强化促销力度

① 9/3：B3纸　单面50%（秋季味觉：新大米、早餐）

② 9/10：B2 纸　单面 75%（信州产品展：秋季味觉、当地食谱等）

③ 9/17：B3 纸　单面 50%（彼岸节+中华食材展）

④ 9/24：B2 纸　单面 50%（彼岸节+高频商品+日式牛肉火锅）

⑤ 10/1：B2 纸　单面 50%（热菜谱、日式牛肉火锅、关东煮）

- 实施 2 次所有冷冻食品打折
- 推出以鸡蛋/高频商品为主的绝对主打商品
- 努力提高促销人员的服务水平

☆为了填补上年"巨人队夺冠特卖"差距的企划/单品诉求

★以价值+经济性+生活及季节活动+新型企划/销售方法为重要主题推进积极攻势

4）"提高毛利"是最大的课题

→减少损耗　事业部总计目标 3.5%（彻底控制生鲜的降价）

·从每日数据情况深入分析最差门店，实施彻底改善

5）将"确保销售额的绝对金额"作为最优先课题→用促销集客，提高销售额

→促销要做到对价格的彻底诉求+主题呈现最大化（创

造话题)

6)"彻底实现毛利组合":扩大相关销售/差异化产品

→新发售商品+与电视广告联动的企划(提高呈现度)

→促销+扩大与食谱/气温/生活变化联动的相关商品销售

7)"增加购买量":增加客户数量,提高单个客户的购买金额

→避免机会损失(抓住四个机会)

> 针对每个重点主题与门店信息共享

<u>显在的机会损失</u>

·机会损失①:售罄,其他店铺有货,自家店铺缺货而产生的损失

·机会损失②:用途不符合顾客需求,无法让顾客找到合适商品

<u>潜在的机会损失</u>

·机会损失③:让顾客注意到商品的存在,但难以传达商品价值

·机会损失④:顾客很期待,但商品尚未开发出来而产生的损失

第三章 什么是有效的销售计划书

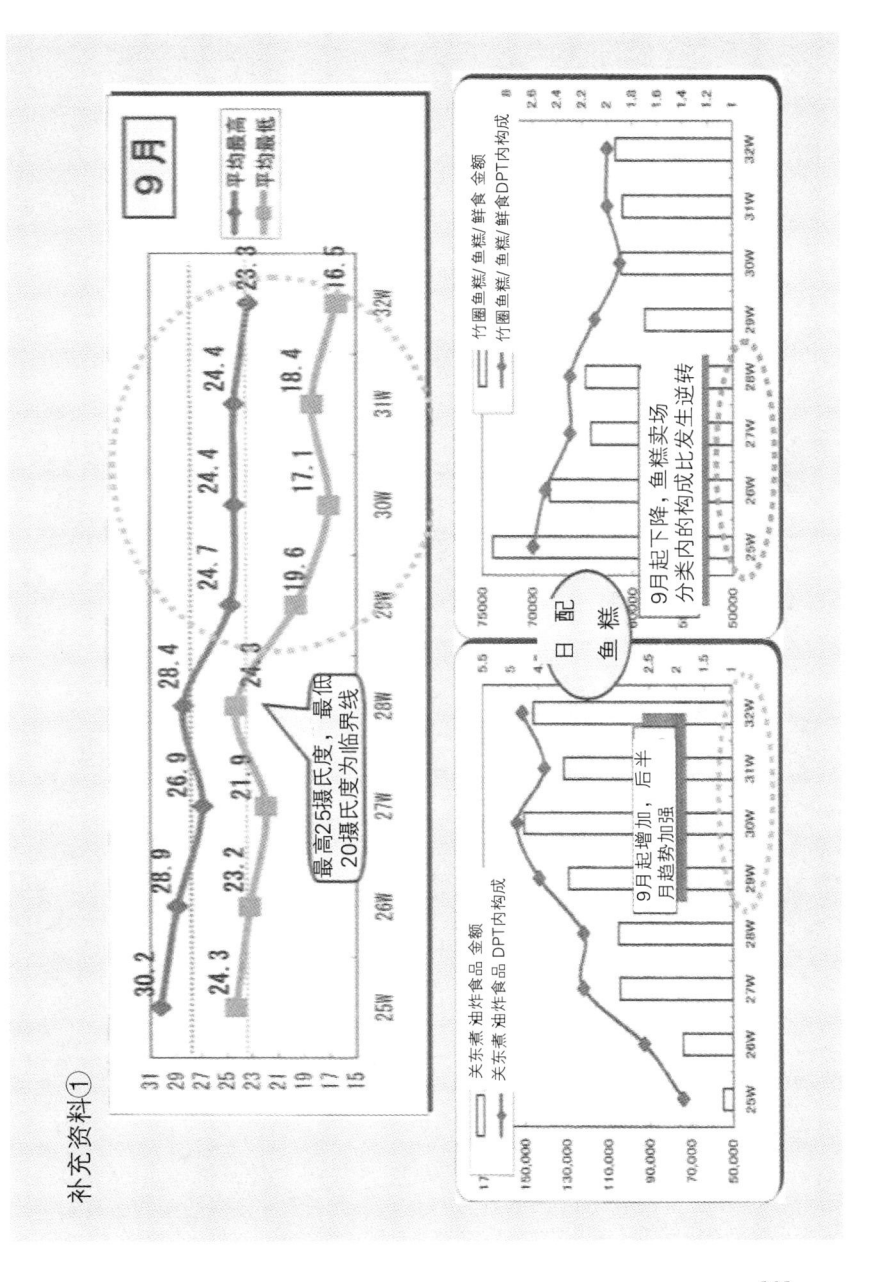

补充资料①

超市攻略

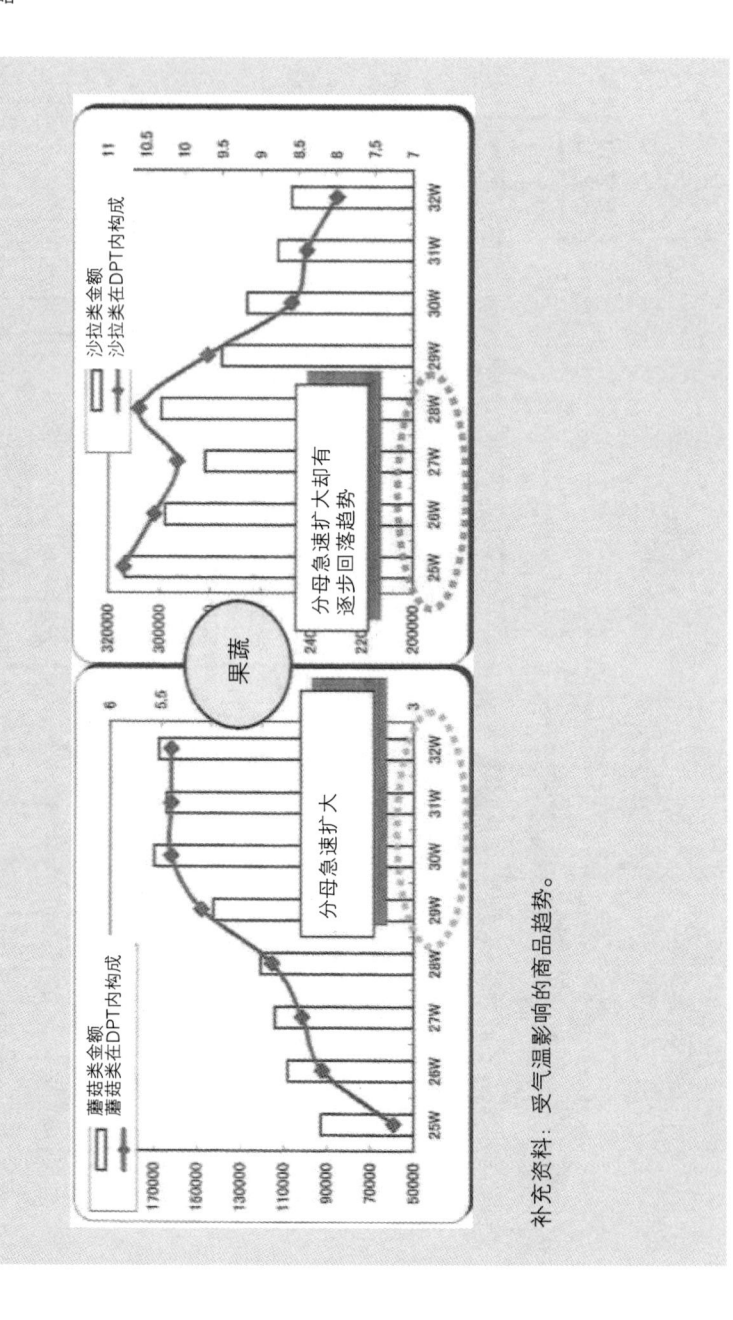

补充资料：受气温影响的商品趋势。

102

第三章 什么是有效的销售计划书

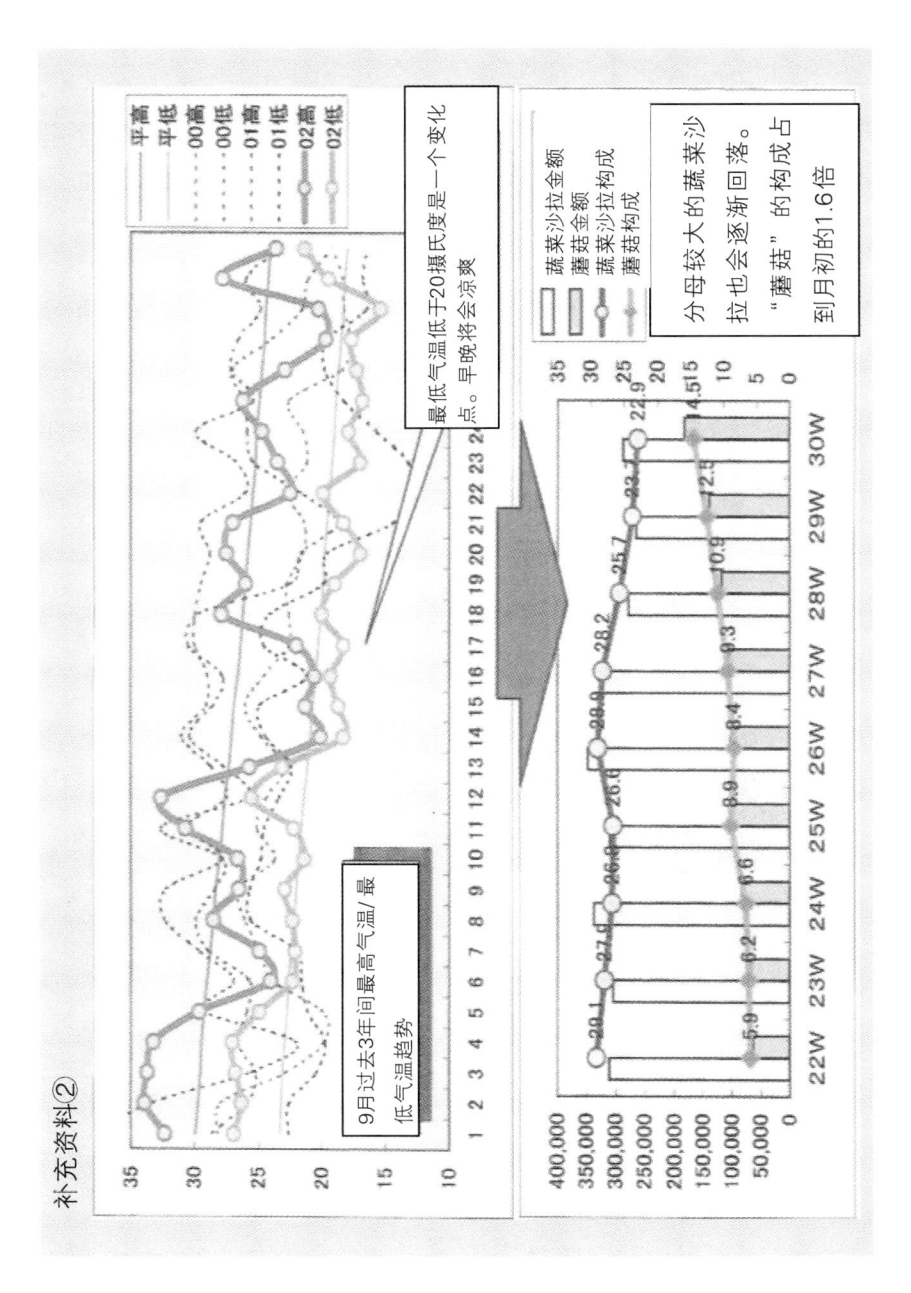

补充资料②

补充资料③：销售提升和下降的商品群

提升商品群

商品品种	8月 22w	23w	24w	25w	26w	9月 27w	28w	29w	30w	31w	10月 32w	33w	34w	35w
海苔	51	52	42	30	45	45	42	33	28	19	26	30	30	33
汤料	50	40	42	42	33	44	57	69	55	40	32	32	36	28
料包	52	52	42	22	36	45	20	17	14	11	8	10	25	33
标准大米	34	30	28	30	42	20	18	45	45	20	35	20	25	19
黏米	48	52	42	14	11	16	21	12	20	18	11	18	25	11
饼干	45	52	42	30	33	45	42	30	42	30	21	19	12	33
软饮料	17	22	18	22	31	43	40	48	50	43	45	30	25	55
蜂蜜	32	26	18	18	18	21	22	18	26	24	18	33	22	25
可可粉	30	22	18	15	11	15	16	20	17	10	9	13	26	17
中华包子	28	30	42	20	18	52	42	18	45	42	52	42	10	16
洪豆腐	18	20	23	20	18	26	30	18	29	10	22	20	10	22
粉丝、魔芋丝	25	30	22	33	45	20	17	14	11	10	12	9	5	11
乌冬面	30	30	30	42	20	18	30	24	40	41	39	8	3	20
拉面	32	30	14	11	8	42	12	20	18	42	52	42	22	26
关东煮	29	30	30	33	45	42	30	52	42	42	52	42	16	22

下降商品群

商品品种	加工食品部门	8月 22w	23w	24w	25w	26w	9月 27w	28w	29w	30w	31w	10月 32w	33w	34w	35w
乌冬	45	6	3	5	31	5	30	29	33	28	19	26	30	30	33
常温果冻	26	4	2	10	20	28	23	20	32	35	22	22	36	28
茶叶	44	2	4	6	10	11	11	20	17	14	11	8	10	25	11
咖喱调味料	44	1	3	4	21	26	20	18	20	18	20	35	20	25	19
冷面	12	3	6	22	26	14	14	12	20	18	18	25	11
功能饮料	44	7	3	5	18	33	20	26	30	31	22	19	12	14	33
碳酸饮料	44	3	5	8	12	18	18	20	31	27	33	22	25	55
零食	44	3	4	7	11	11	16	20	32	30	30	22	25	17
啤酒	44	4	5	10	19	16	15	18	21	28	22	30	26	17
每日配送商品部门
牛奶	45	4	8	12	3	2	10	20	28	26	22	14	11	16
咖啡	16	5	13	6	4	4	2	10	6	22	26	8	10	20	22
冰淇淋	19	3	4	5	12	5	4	6	18	33	8	5	10	11
豆腐	37	3	5	3	9	3	5	8	12	6	18	5	21	20
中华冷面	22	6	2	5	3	15	6	7	11	16	20	6	22	26
鸡蛋豆腐	22	4	2	5	6	9	8	10	11	12	20	19	13	16	22

4. 9月促销计划

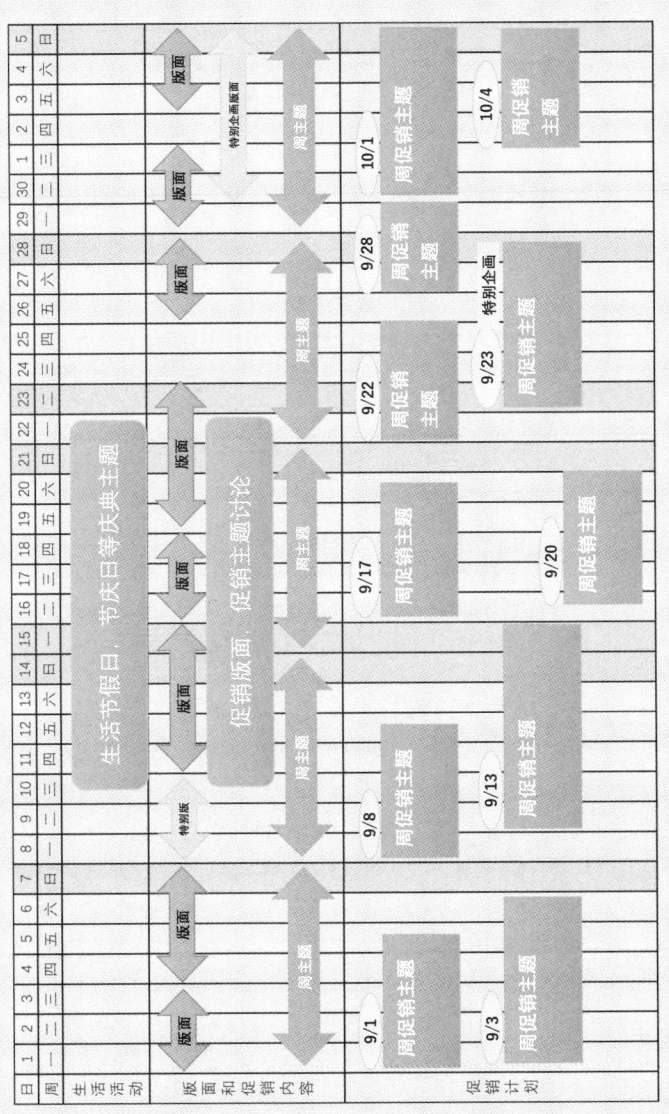

日	1	2	3	4	5	6	7	8	9	10	11	12	13	14	15	16	17	18	19	20	21	22	23	24	25	26	27	28	29	30	1	2	3	4	5
周	一	二	三	四	五	六	日	一	二	三	四	五	六	日	一	二	三	四	五	六	日	一	二	三	四	五	六	日	一	二	三	四	五	六	日
生活活动										生活节假日、节庆日等庆典主题																									
版面和促销内容	版面							特别版							版面							版面							版面				特别企画版面		
										促销版面、促销主题讨论																						周主题			
促销计划	9/1 周促销主题		9/3 周促销主题					9/8 周促销主题			9/13 周促销主题						9/17 周促销主题			9/20 周促销主题		9/22 周促销主题	9/23 周促销主题					9/28 周促销主题			10/1 周促销主题			10/4 周促销主题	

5. 食品部门 9 月份气温变化对应商品

	非正常类型	基本类型	
类型	C 型	B 型	A 型
气温	最高温度 20—25 摄氏度	最高温度 25—30 摄氏度	最高温度 30—35 摄氏度
湿度	湿度 40%以下	湿度 40%—60%	湿度 60%以上
体感	凉爽	暖和	炎热
食谱	热/煮食谱 拉面/煮菜/炖菜/奶汁烤菜/火锅/蘑菇类/日式牛肉火锅	基本食谱受影响小 炒面/咖喱饭/油炸/中华料理/一般蔬菜/沙拉蔬菜	凉/炒食谱 凉面冷面/冷中华面/鲜食/饮料/烤肉/沙拉蔬菜
加工食品	炖菜/奶汁烤菜/汤/甜料酒/味噌/葡萄酒/日本酒/袋装面/方形年糕/蔬菜饮料/日式火锅饮料/涮锅调料	咖喱饭/中华特色食材/乌冬面/荞麦面/意面/意面食材/沙拉食材/天妇罗食材/速溶咖啡/点心（小盒饼干/巧克力等/零食）/咖啡/果汁等	饮料（碳酸/无糖/冰咖啡/乳酸饮料/功能饮料）/啤酒/发泡酒/罐装烧酒苏打水/麦茶/凉面冷面/凉面调料/牛排酱料/棒棒冰/果子露/烤肉酱料

(续表)

	非正常类型		基本类型
精肉	薄片牛肉/薄片猪肉/涮锅专用肉/碎猪肉块（猪肉汤用）/肉馅/炖猪肉/红烧肉/肉丸子/培根	牛/猪肉片（用于炒菜类食谱的提案）/猪肉块/炸鸡用鸡块/牛肉猪肉咖喱饭专用肉块（汉堡排/饺子用）肉馅/带皮小香肠/裹了面包渣的汉堡排	鲜食（烤牛肉等）/烤牛肉/入味烤肉/烤猪肉/牛排/蒸鸡肉/涮猪肉/烤鸡肉/切片火腿
果蔬	香蕉/白菜/大葱/春菊/蘑菇（鲜香菇/舞蘑/金针菇等）/地下根茎菜（土豆/南瓜/红薯）	香蕉/草莓/橙子/伊予柑橘/番茄/黄瓜/芦笋/西兰花等沙拉蔬菜/白萝卜/绿叶菜/铁板煎（莲白/茄子/舞蘑/南瓜等）	西柚/西瓜（平时切开卖周末整个买）/调味蔬菜（生姜/蘘荷/小葱等）/沙拉蔬菜（番茄/黄瓜/芦笋/西兰花/生菜等）+沙拉套餐
鲜鱼	生鱼块（鳕鱼/鲫鱼/鲑鱼/银鳕/比目鱼等）/烹调用贝类（扇贝/花蛤等）/海鲜组合/青花鱼/螃蟹（周末）/鲜鱼套餐	鲜食（金枪鱼/拼盘)/烹调用虾/剥皮虾/半加工海鲜组合/腌鱼/章鱼/鲢鱼/鱼干/近海鱼/半加工油炸用商品	扩大海鲜沙拉/金枪鱼/生鱼片/装点沙拉/醋拌凉菜/鳕鱼子/轻烤鲣鱼/明太鱼子/鳗鱼/海蕴

107

(续表)

	非正常类型	基本类型	
熟食	煮菜/奶汁烤菜/蒸蛋羹/干烧菜品/糯米小豆饭/便当用煮菜	中华料理类/饺子/油炸类/土豆肉末炸饼/炸肉/炸鱼/便当/盒饭/蔬菜沙拉/乌冬面寿司套餐	毛豆/煎炒类/中华冷面/天妇罗/烤鸡肉/鱼/肉类沙拉/醋拌凉菜/凉拌菜

9月的工作要点总结：9月是从夏季到秋季的过渡期，也是商品趋势变动较大的一个月。

前半月A、B并用：如果预计秋老虎将强力持续，就把凉味商品中销售势头强劲的单品留下，在货架下端继续扩大展开。不是全面铺开，而是重点展开。

后半月B、C并用：积极展开时令及新型商品！在每日情况的变化中，部分商品会突然回落。若出现最低气温低于20摄氏度的日子，将会感觉凉爽！餐桌食谱也会发生很大变化。首都圈地区，应以20摄氏度左右为变化标准。

第四章

卖场管理无标准答案

通常企业根据自己的事业内容和主要商品来设定目标顾客，制定经营战略和营销战略。简单来说，超市的核心事业内容是"商品的进销存管理"，超市的商品品种范围、数量超过2万SKU，它的经营重点不是商品而是**商品组合**，因此相对厂家商品来看，超市的目标顾客涵盖范围更广。在以商品为主的营销活动中，通常会用STP分析的方法划分市场，确定自己的目标顾客。

所谓STP分析，就是通过"市场细分（Segmentation）"、"确定目标顾客（Targeting）"和"行业竞争定位（Positioning）"的手法使企业商品或服务和顾客需求相匹配，进而帮助企业实现销售和提升市场份额。

我们知道传统的STP分析多采用人口统计指标和社会心理指标来划分顾客。人口统计指标包括性别、年龄、职业、学历、收入等个人属性指标；社会心理指标则包括生活方式、价值观、金钱观、购物频率、品牌忠诚度等外界影响和行为指标。

对超市来说，按照传统方法划分顾客群进而根据不同顾客群特点去布局卖场并不能满足现今顾客的需求。在顾客日趋理性并且掌握丰富的市场信息，对自身的消费需求和商品价值需求有着清楚的认知的背景下，超市卖场布局需要打破传统思维去实现。

卖场管理并没有标准答案，卖场的布局、各品类位置是根据门店**商圈顾客**的选择来决定的。所以在布局卖场时，我们要考虑标准和变通两点。标准是按照顾客旅程（Customer Journey），也就是顾客购买过程中的**路径、情景**来设计各卖场区域，而变通是按照商圈调整布局。如老年顾客较多的商圈，考虑到老人行动不便、长时间购物会疲劳等因素，把熟食区布局在出入口附近的主通道上，进店后不用走完主动线就可以方便地买到菜品结账出店。下面我们分别从购买习惯和商品使用习惯来看卖场布局。

01 顾客的购买习惯决定商品陈列

日本超市布局大多是果蔬开场，通过每日配送（简称日配）商品过渡到生鱼片，进而到海鲜、肉类、中食，出口处为面包、烘烤面包和日式点心，超市卖场中间区域由一般食品、日化杂货等构成。从布局来看，是日本超市中使用较多的标准布局，主动线环绕卖场，辅助动线端头指引和陈列促销活动商品，如图4-1所示。

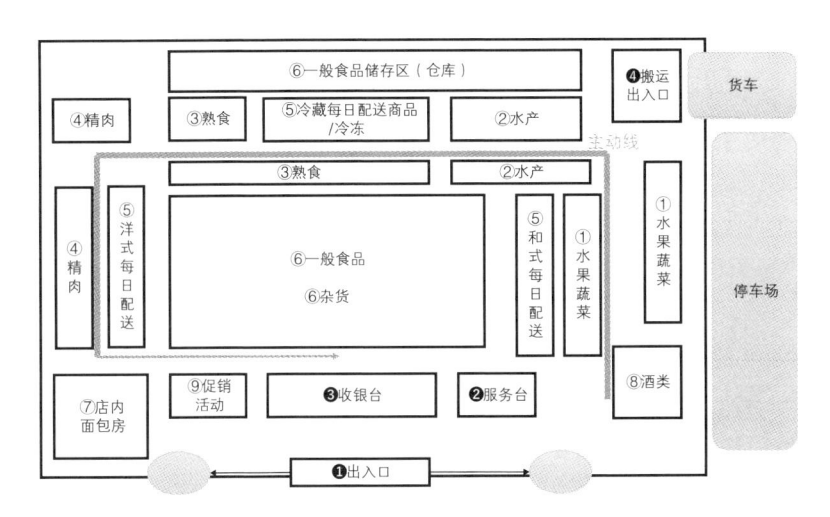

图4-1 食品超市卖场布局（1500m² 例）

来源：流通综合研究所资料。

按照消费者的购买习惯，主要购买对象商品的肉类和熟食品布局在超市最里侧，起到牵引的作用，而品种多样、色泽鲜艳的果蔬布局在入口处，配合灯光照明以及堆叠摆放，起到商品展开铺垫作用的同时能够有效刺激购买欲望，引导顾客开启购物旅程。

另外，果蔬附近多陈列日配商品，和式日配多为豆制品、纳豆、日式小菜、咸菜，洋式日配商品因以奶酪、生沙拉牛肉片等为主，通常配置在熟食区和精肉附近。超市卖场商品布局显示，大多数顾客购买商品是遵循一定范式的，比如"生鲜食品、熟食""日配商品""加工食品""零食和调味料""日用杂货""果蔬"，因此在封闭式单向通过型卖场中的布局很多采用这一品类顺序来陈列卖场（图4-2）。

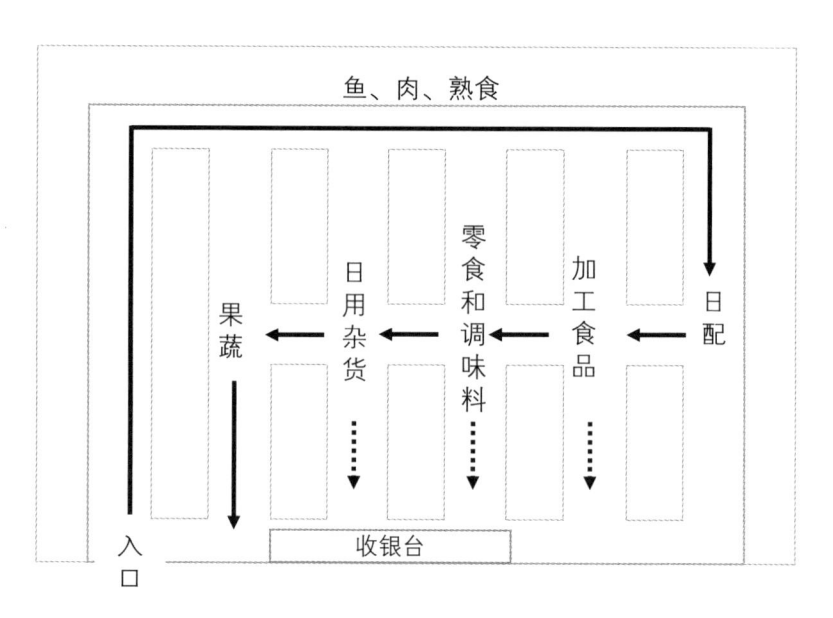

图 4-2 超市卖场顾客购买顺序

以上是按照顾客购买习惯来决定的，说到这一点不得不提到日本超市主要购买人群——主妇。传统日本社会女性多为全职主妇，她们的日常工作除了家务、照顾家庭以外，就是负责家中的一日三餐,所以最初来超市购物的顾客群以主妇为主,当时超市行业的领头羊大荣也因此被称作主妇的大荣。2000年前后随着女性回归社会以后,超市购物客群结构发生变化,男性顾客在食品食材上的消费基本与女性持平,这也是为什么现在超市不断做出布局和商品组合调整。

在这里我们要说的是以主妇为代表的日本式家庭采买的独特之处。一般日本家庭的日常采购和我们所想象的不太一样,她们多为计划购买,这个计划购买不是通常说的商品营销上的计划购买商品,而是她们的生活模式是,冰箱中存放一个购买周期的商品(按照去超市的频率来规划),而这些商品在星期几、做成什么菜、几个人吃都有详细的家庭菜单规划。可以说冰箱里没有一件是多余的或可有可无的,如果按照她们的事先规划来使用商品,基本一个购买周期过完冰箱也空了。

所以你可以看到,很多人在超市购买时是拿着购物清单的,这个购物清单是根据这一个周期的一日三餐计划列出来的单子。菜品决定购物清单,菜品的食材是她们要购买的,关联食材就近摆放能帮助顾客快捷方便地完成菜单购买,如主菜搭配开胃菜/配菜(沙拉、纳豆等)的菜品安排就需要蔬菜区域附近有日配商品。可以说超市的主动线附近的商品销售区域布局基本和进餐的过程一致，也就是开胃菜/配菜、主菜、饭后点心或甜点。

另外，按照购买习惯来布局特定商品区域的销售模式也颇受推崇。这里举两个例子，一个是儿童食品区。针对儿童这个特殊购买人群，超市也做足了功课。这个区域被超市布置成一个小型购物商场，包括小零食、常温饮料以及迷你玩具。区域风格设计完全符合儿童喜好，如色彩鲜艳明快以及各种卡通人物的装饰。值得一提的是，儿童食品区的顾客群比较特殊——儿童是主动参与者、家长是购买决策者，所以从商品本身、价格到陈列都需要考虑家长和儿童的双重要求。那么作为购买决策者的家长通常都不希望购买小零食，在同意购买时往往也希望能少买，针对这个特殊需求大家可以看到儿童食品区多为小包装、独立包装食品，甚至糖也是一颗一颗单卖的，在减轻家长心理和经济负担的前提下，满足了儿童购买欲望。再有就是因为参与者是小朋友，该区域的货架比一般货架低，而且排面较宽，方便儿童选取，同时该区域附近放置两级蹬梯，方便儿童拿取较高位置的商品（图4-3）。

图 4-3　儿童食品区

另一个是针对男性顾客的例子。近年的食材消费支出调查结果显示（图 4-4），尽管年青一代（30 岁以下）的日常食材支出呈下降趋势、男女差距逐渐缩小，但男性顾客的支出金额还是高于女性顾客。这也使得超市越来越重视男性顾客的需求，在引进商品和布局上积极地做出调整。Macromill 关于酒水的调查显示[①]，男性顾客对酒水的喜爱程度高于女性，同时"几乎每日"饮酒人数占比高达 18.1%，而酒水中最受欢迎的是"啤酒"（33.5%），其次是"果味烧酒"（17.2%）。为此，超市将酒水商品划分为特定的销售区域，

---

① Macromill 2018 年 3 月 27—28 日酒类嗜好商品购买调查，调查对象为 20—69 岁人群。

超市攻略

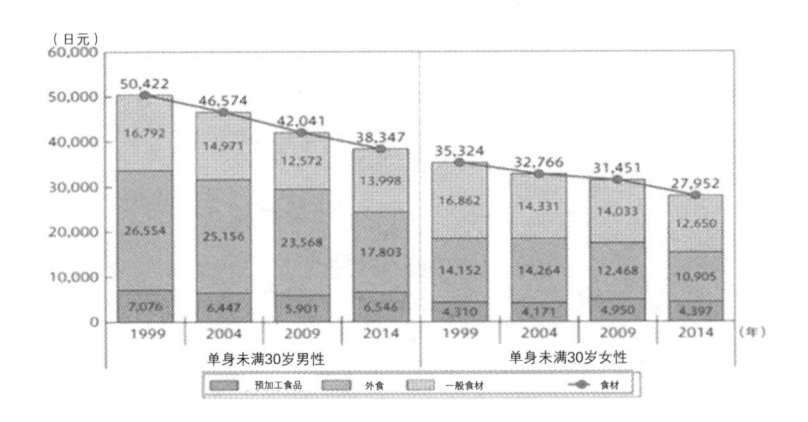

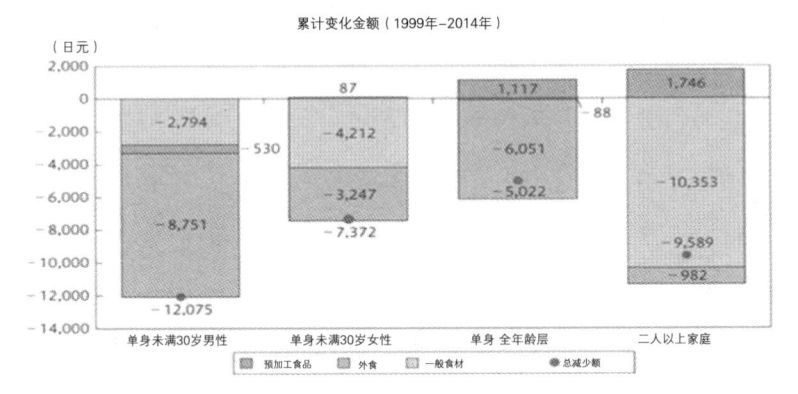

来源：日本消费者厅《2017年消费者白皮书——年轻人消费支出》。

图4-4 食材支出推移（预加工食品，外食，一般食材）

特别是将啤酒和下酒食品（起司、鱿鱼丝等）放在邻近销售区域陈列，方便顾客选取。

日本男性习惯在下班后去居酒屋喝一杯啤酒放松，因此外食产业中啤酒在酒水销售中占比较高、同时也能带来较高利润。而夫妇家庭或核心家庭的男性通常下班后会回到家中喝一杯，针对这类顾客群，超市、便利店等也对啤酒销售格外用心，不仅有多种多样的罐装啤酒，还提供丰富的下酒食品助兴。2019 年底受新冠肺炎疫情的影响，顾客外食减少的同时在宅时间增加，使得罐装啤酒消费有所提升，各个厂家也纷纷抓住时机推出新产品，包括之前例子中提到的麒麟无糖啤酒、朝日的无糖无嘌呤健康啤酒，甚至近日推出的朝日起泡罐装啤酒在售卖 2 周后一度出现全面断货的情况。这也加大了超市对于酒水销售的重视。

02 顾客的使用习惯决定商品陈列

前面我们说顾客的饮食习惯决定了卖场销售区域和商品布局，但布局的基础还是以品类、商品分类为主，同时考虑特殊顾客群进行需求关联陈列。在实体超市竞争愈发激烈的今天，从**顾客视角**出发，特别是从顾客消费商品的使用用途、场景以及使用习惯来调整布局显得尤为重要。

1）使用用途、场景陈列

在卖场规划和商品陈列中，仅考虑购买习惯是不够的，还需要考虑商品实际被使用、被消费的场景做出对应的陈列。在图 3-6 中我们提到中华料理企划商品实例，中华料理—青椒肉丝企划中，青椒肉丝调味包属于一般食品中的调味料类，青椒、红椒属于农产中的蔬菜类，猪肉属于畜产类，按照购买习惯这三类商品属于不同的中分类，通常按照品类分别销售。但通过场景的识别，也就是顾客在果蔬销售区看到青红椒，在 POP 等提示下可能会做青椒肉丝，那么这时候除了有青椒还要摆放调味包，但因为肉类需要冷藏，此处无法摆放肉类，那么还需要做出稍后肉类购买提示。之后鲜肉销售区要做同样的主题装饰来提醒顾客不要忘记购买猪肉，另外根据鲜肉区位置和布局可适当在冷藏柜前陈列少量青红椒。这就是通过购买后的用途提示来进行关联商品的摆放。

关于使用场景，我们来看大包装食品的陈列。按照顾客使用场景可以将商品分为单人用、家庭用和聚会用（多人），单人和家庭用多为日常陈列，而聚会用大包装商品则打破商品品种界限，将米饼、膨化食品、巧克力糖果等放在特定货架统一销售。这样既方便顾客在筹备聚会零食时一起购买，而不必去各个零食货架挑选，同时也可以达到促进购买的效果（图4-5）。

图4-5 聚会用大包装食品陈列

2）使用习惯：酒水消费人群细分

酒水陈列比较有代表性，不同于一般食品无消费人群限制，酒水属于嗜好品，不仅有年龄限制，对酒精浓度和口味也有较大的需求差别。

日本超市卖场中的酒水区分为两部分：一部分是普通货架和岛型冷藏货架上小排面陈列的各种独立罐装啤酒、果酒等酒类；另一部分是端头或货架底端大量陈列的半打啤酒（6罐装）。之所以将它们分开陈列在不同的货架，不仅仅是出于容量不同或促销需要，而且是因为购买两种啤酒的顾客属于两种类型，也就是客户群不同。

表4-1对酒水客户群进行细分，从中可以看到"轻饮型"和"嗜好型"客户在酒水购买上的消费习惯是不同的。对于"轻饮型"客户，更多的是需要提供多样的商品和话题

(a) 岛型冷藏货架啤酒陈列例　　　(b) 端头半打装啤酒陈列例

图4-6　酒水陈列

性商品，同时满足即买即饮的需求；而对于"嗜好型"客户，因为他们一定会购买而且会买很多，所以重点应放在陈列位置是否方便拿取、方便结账上。

表 4-1 酒水客户群划分

客户群	特点	关于啤酒的消费习惯
不喝酒（非客户）	完全不喝酒，甚至厌恶喝酒	不购买
能喝但不爱喝酒（轻饮型）	偶尔喝，特别的场合或有需要时，少量饮酒	想喝的时候买一听，有即买即饮倾向，所以冷藏货架是主要购买区域
能喝、爱喝酒（嗜好型）	经常喝，自己喜欢饮酒，无理由也会饮酒	通常喝酒时一罐是不够的，会大量饮用，所以半打、一打地购买，自行储备或冷藏

03 "商品应该放在哪里"实验

卖场布局和商品陈列是有章可循的，通过对一般顾客属性和商圈顾客属性的把握，可以做出基础卖场。但随着市场环境的变化，特别是商品的快消和需求的不断变化，使得超市需要适时地调整商品内容和陈列。

以前技术手段缺乏的时候，通常是通过 POS 数据和观察调研得出结论来调整商品位置，比较知名的案例是 20 世纪 90 年代初期美国超市销售中发现的纸尿裤和啤酒摆放在一起可以促进啤酒销售的现象。

美国一家超市的销售人员注意到，婴儿纸尿裤销量高的时候啤酒的销量也高，因为这是两种完全不同且没有关系的商品，所以销售人员感到很疑惑，想弄明白其中的原因。于是该销售人员就站在婴儿纸尿裤陈列区的附近观察，想知道购买纸尿裤的都是什么样的顾客，他们为什么还买了啤酒。销售人员惊奇地发现，来购买纸尿裤的并不是他们预想中的女性妈妈顾客，而很大一部分是"爸爸们"。经过询问得知，原来妈妈要在家照看婴儿，在急需又不能自己出去买的时候，通常是拜托爸爸购买的，而爸爸在买了孩子的纸尿裤后，往往还想给自己买点喜欢的啤酒，所以就有了我们先前看到的结论。

现在数据分析技术发达，包括数据挖掘、机器学习、AI 图像解析等方法已经在零售行业得到应用，大大提升卖场管理效率的同时，还能帮助我们发现问题和创造新的销售机会。如想要在成千上万的商品中找到类似上述纸尿裤和啤酒的关联销售，没有数据分析工具单靠人工分析观察是很难发现的。

另外，数据分析为我们打开顾客脑中的"黑匣子"提供了线索。回想一下你是否在卖场中看到过这样的场景：顾客站在货架前，拿起一件商品看了一会儿又放了回去，然后拿起旁边的商品放进购物车。为什么会这样？顾客当时在想什么？什么原因决定他买哪个？等等。这些问题都在顾客的脑中，但它却是销售人员最想知道的内容。以前技术手段不发达，从表面上看我们不得而知，但现在有了上述所说的各种技术及分析手段，我们就可以从侧面了解、掌握顾客脑中的"黑匣子"。

1）通过销售数据找到答案

传统的数据分析是通过统计方法实现的，近年来大数据处理和机器学习更为盛行。特别是基于人工智能技术的机器学习能够通过数据建立模型，并通过数据累加改善修正模型，像人具有学习能力一样，这种方法更加客观且接近真实。如今机器学习已应用在零售领域，如超市经营中的关联商品分析、会员画像和定制化营销等。

以一家地方综合超市的数据为例，通过POS数据解析后得出品类间关联度和提升度的指标如图4-7所示。从中可以看出顾客在购买各品类后再购买水果的购买概率，最高的为蔬菜，当然这和卖场布局有关，蔬果多为邻近销售；另一个指标为销售提升度，也就是购买前一品类对水果购买有多大的促进作用，可以看到乳制品对水果、休闲食品对水果的提升度较高，那么从商品陈列来看如果在乳制品或休闲食品附近陈列水果的话，能起到较好的销售促进作用。

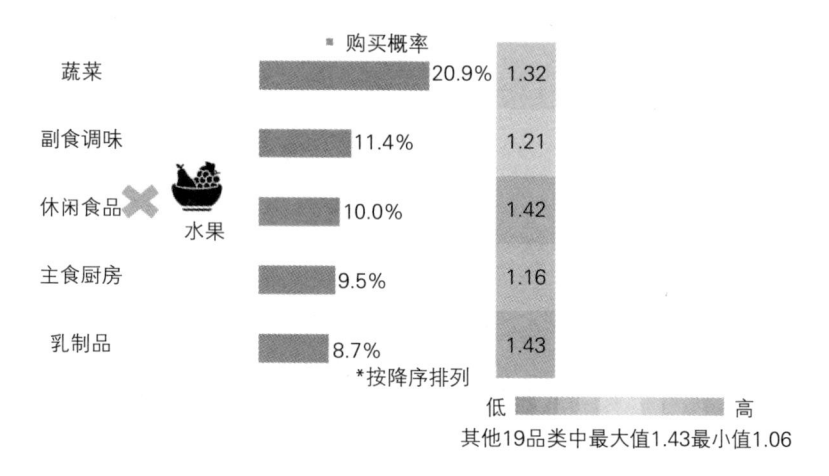

品类	购买概率	提升度
蔬菜	20.9%	1.32
副食调味	11.4%	1.21
休闲食品 ✗ 水果	10.0%	1.42
主食厨房	9.5%	1.16
乳制品	8.7%	1.43

*按降序排列

低　　　　高
其他19品类中最大值1.43最小值1.06

图 4-7　品类关联和提升度解析

通过对各品类的销售情况进行分析，最终可以得到一份基于实绩的卖场提案（图4-8）。当然这里只做了各品类粗略的分析，实际应用中企业可以对每一件商品（SKU）进行关联分析，通过客观的信息、科学的方法提升卖场效率。

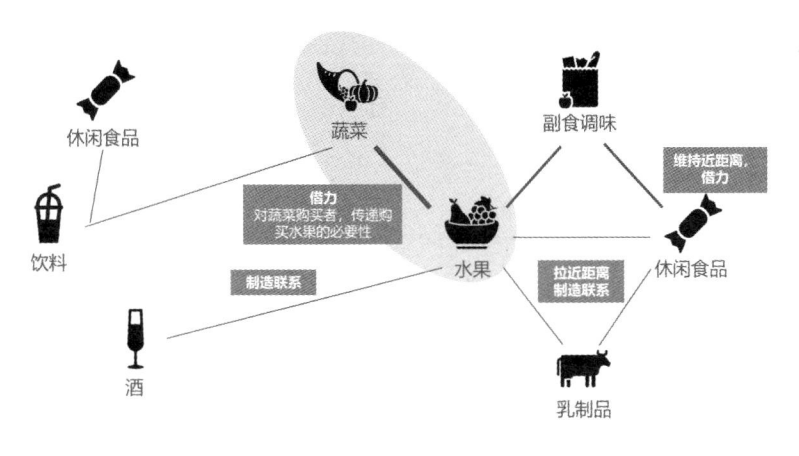

图 4-8　卖场陈列提案

2）不断进行实验，找到最优解

事实上卖场管理并没有标准答案，不管是卖场观察还是数据分析都是对未来的预测和推断，它并不能保证来店人数、顾客购买件数及客单价等一定会提升。所以我们需要反复进行实验，通过分析数据和现场情况找到原因，通过原因找到改善方案，通过改善方案的实施得出结果，通过结果的对比判断"本次实验"是否成功。成功的提案可以在各门店进行推广，不成功的提案则进行下一次实验，如此往复找到最优解。这种方法叫作"假设验证"，它是基于实践的、有效的卖场管理方法。

需要注意的一点是，在进行假设验证的过程中，各门店的验证结果可能会有很大差别，这时候需要考虑的是门店商圈的独特性。同样的假设不会适用于每个门店，因此需要根据各超市企业的组织结构、区域特点等因素进行调整。管理水平较高的企业可以适当放权给门店，让个店进行自己的假说验证。

04 活用技术工具管控卖场

对于零售行业来说，技术的导入和应用多围绕商品的进销存，如已被大家熟知的 POS（时点销售管理）、ERP（企业资源管理）、EOS（电子订单系统）、FSP（优良顾客识别）等系统，而现场和卖场管理上的应用相对较少。随着 ICT 技术的发展和推进，诸如 AI、IoT 等技术的应用场景也越来越丰富。近年 AI 图像解析技术和 IoT 物联技术就已在实践中取得一些成绩。下面给大家介绍几个在卖场中的应用实例。

一是商品图像扫描技术。该技术是通过照相机和图像解析技术来实现的，利用照相机拍摄商品照片，把图像传输到系统中进行图片解析处理，在事先登录好的商品库中自动比对检索类似商品后，系统中显示商品名称、价格、个数等属性，确认后自动生成清单和条码。根据流程设置需要，可以直接关联付款页面实现无人化自助处理，另外也可以用于将条码打印出来后，和其他商品统一结账。它类似于超市中常用的称重系统，不同之处在于称重系统的要素是单一商品和重量，而图像解析系统的要素是多商品、商品类似度和多项属性指标。

商品图像扫描技术在工厂检品、物流取货、零售行业中已有应用，如在超市中可用于一般商品、烘焙面包、熟食等商品自助服务。图4-9所示为应用较为广泛的barkeyscan烘焙面包识别系统，该系统自2013年开发以来已在日本全国300余家

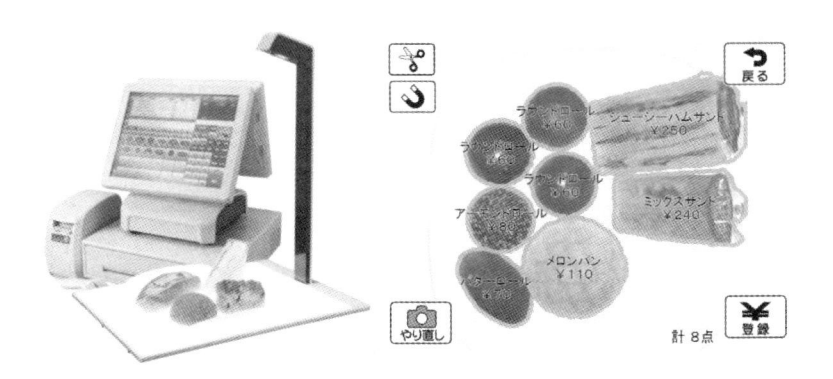

来源：diamond chainstore 新闻（2019年4月17日）"面包画像读取，迅速结账AI面包款台"。

图4-9 barkeyscan系统

门店中导入 500 余台，实验室中商品扫描识别度达到 98%。

图 4-10 所示为该商品自助结账台在某车站内面包连锁店内的应用场景，顾客将各种面包用托盘放置在特定区域，通过自助机器操作识别面包种类，再次确认商品内容完成服务。该门店日均销售数量为平日 7200 个、周末 6500 个，店内有 2 台自助结账台和 1 处人工款台，该系统辨识度、准确度较高，在商品没有重叠摆放的情况下基本实现一次通过扫描，而扫描 2—3 个面包约 30 秒完成，大大提高了结账效率。

来源：日经 BP 新闻（2017 年 7 月 13 日）"面包瞬间区分 AI 技术"。

图 4-10　面包自助结账台

二是人数统计。应用较为普遍的是在门店出入口处设置传感器摄像头，来监控一定范围内通过顾客的人数，多用于统计来店顾客数、店内顾客数、各品类销售区域顾客数，以及特定货架前顾客数等。通过掌握各种顾客数数据，可以确定进店率、通过率、购买率、滞留时间等重要信息，进而对优化卖场设计和商品陈列需求提供参考。

如根据进店率信息可以掌握日常门店周边各个时段通过的人数和实际进店的人数，同时分析该时段来店顾客多或少的原因，比如是否是道路交通原因；进店处道路是否是顺行车道；顺行车辆引导广告牌在到达门店前方多少米；顾客实际驾驶时，驾驶席看到提示牌是否有判断调整时间；逆行车道如果想要进店，在车道哪个位置放置掉头标牌效果最佳；广告牌是否一目了然……通过不断试验调整来提高进店率。

再比如特定卖场或区域的通过率可以反映该区域对顾客的吸引力度，对于通过率高的区域，可以放置主推商品、高利润商品等，而对于通过率低的区域，需要考察原因，比如是否有通过障碍，是否布局设置不合理，商品是否吸引力不足，POP 等区域引导是否存在问题等，通过改善该区域的布局、陈列货架、装饰、色彩等方法提升通过率。另外，通过

131

率指标还可以检查门店主动线等设计和实际情况是否相符，进而进行店内动线调整。

$$进店率=实际进店人数 \div 门店前方通过人数$$

$$通过率=通过顾客数 \div 来店顾客数$$

$$购买率=款台通过顾客数 \div 来店顾客数$$

除此之外，通过在货架处设置传感器摄像头还可以掌握顾客对于特定商品的需求和喜好。比如通过顾客拿取商品次数和该商品实际销售数量对比改善营销方案，若顾客拿取商品 100 次，实际当天销售 85 件，也就是说有 15 次顾客拿起商品后又放回去了，并没有购买（图 4-11）。那么对此可以通过在该商品附近增加电子广告等手段来激励顾客提高最终购买率。同时，在顾客隐私管理得当的情况下，还可以进一步对顾客图像进行分析，比如顾客性别、顾客拿起商品后的表情变化等。

另外，关于触摸回数的分析还可以应用在高额商品防损防盗上，如高级酒水玻璃柜的开关次数、财务室进出次数等应用场景（图 4-12）。

第四章 卖场管理无标准答案

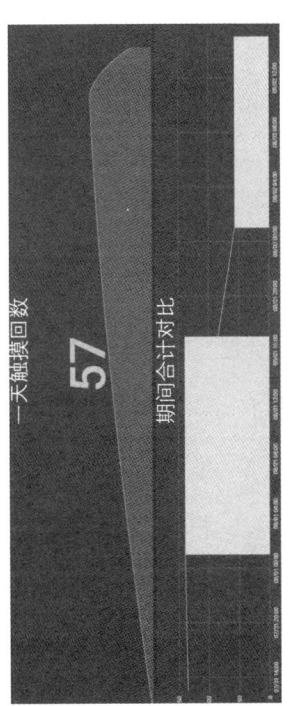

图4-11 样品触摸回数统计

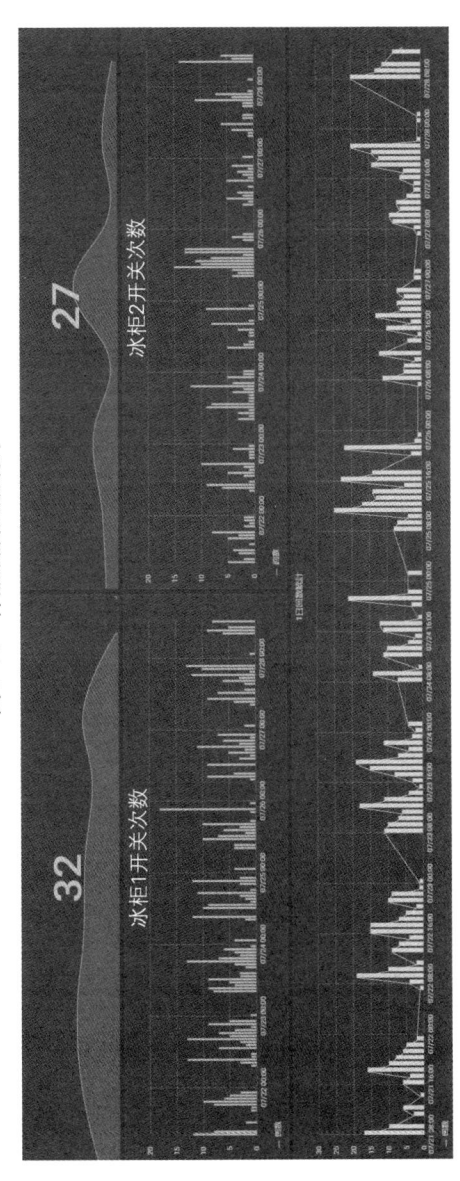

图4-12 冰柜开关模拟数据

对于在接客上的应用，永旺超市导入了通过AI摄像头改善卖场接客服务的系统。通过摄像头系统的观察，如果顾客在一定时间内滞留，系统会自动通知店员该卖场有顾客需要服务，店员就会及时出现帮助顾客解答问题，这不仅对企业提升人效有帮助，还能带来很好的接客效果，进而提升顾客满意度。另外，在新冠肺炎疫情肆虐的背景下，对于来店顾客数的控制、区域内人数的控制也是非常有帮助的。

三是卖场温度、湿度管理（图4-13）。利用传感器掌握卖场各区域的温度、湿度和照明设备亮度等指标。适宜的温度和湿度会影响顾客体感，通过对温度、湿度的调整提升卖场舒适度。

照明亮度可以影响卖场商品呈现效果，图4-14所示为生鲜卖场不同品类商品最佳呈现效果的色温，如精肉类红肉的最佳色温为3000K、果蔬区为4000K、鲜鱼类为5000K、烘焙及熟食类商品为3500K。

在考虑个别卖场温度、湿度、照明亮度的同时，货架颜色、开阔程度、货架间隔及配光等因素也需考虑进去。另外，生鲜商品的大小，肉的种类、加工方法和薄厚不同，对光感的呈现要求也有差别，因此应适时调整各区域的亮度光感效果。

第四章 卖场管理无标准答案

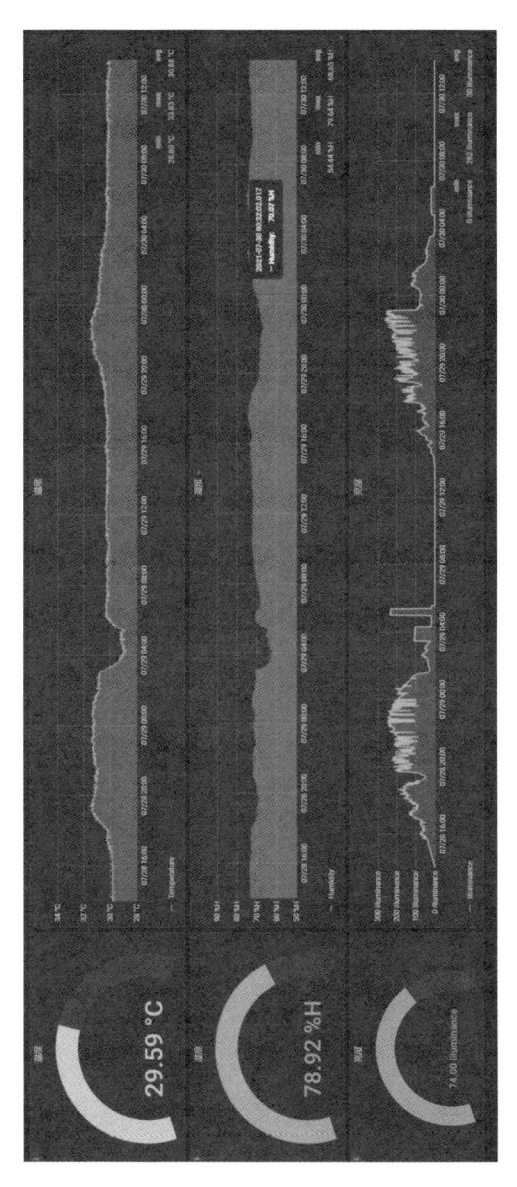

图4-13 卖场温度、湿度、亮度模拟数据

以上介绍了几点零售卖场中应用的技术，关于技术的应用不要只停留在表面，还需要根据本企业的实际需求和不同卖场的要求进行讨论设定。同时需要特别注意的是，**技术手段并不是一蹴而就的工具，它需要根据时节、内容、市场潮流、顾客需求等因素不断试验调整**，而调整的评价标准则是来店顾客数、购买件数、销售额等指标的综合评价。

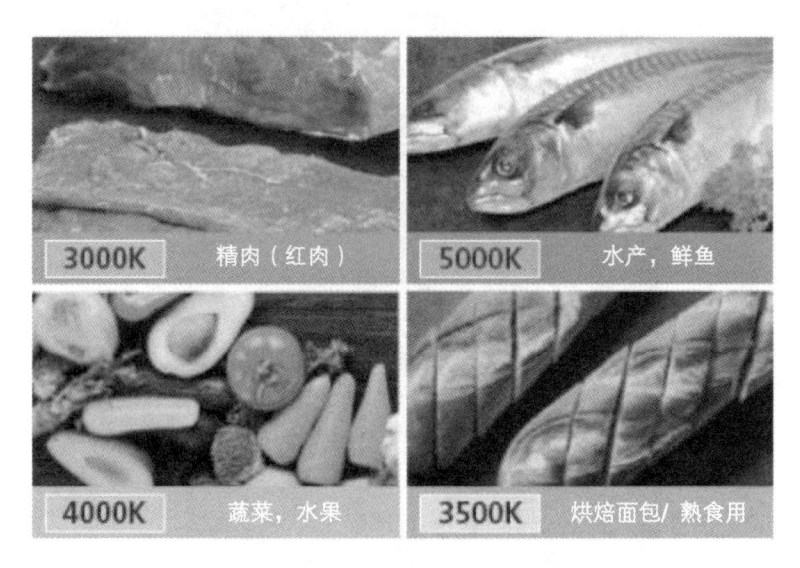

来源：PRtimes 新闻（2020 年 2 月 12 日）"呈现食材鲜美的生鲜卖场用 LED 照明系列介绍"。

图 4-14　生鲜卖场照明色温

第五章

关于如何提升利润的讨论

无论是做销售指导书还是卖场管理，最终目的都是要提升企业整体业绩，特别是利润的增长才能带来企业的发展壮大。那么超市企业如何提升销售利润、改善盈利情况呢？除了"开源""节流""提升人效"，还有就是通过结构调整来实现业务指标提升。这就好比用积木堆房子，同样数量的积木，通过不同位置的摆放和组合，可以堆出很多种不同大小的房子。

接下来我们分别从开源、节流和调整结构三个方面来详细讨论提升利润的问题。

01 促进销售？控制成本？

这里讨论的利润主要是指毛利，我们把毛利计算公式加以简化：毛利=销售额-销售成本。那么提升毛利的方法就是①增加销售额和②减少销售成本。也就是我们前面说的"开源"和"节流"两项。

关于开源，传统销售额计算公式多为：**销售额=商品单价×销售数量**。商品单价通常由进货数量多少决定，进货多、超市谈判能力强，就可以以较低的商品单价进货；而销售数量则由门店销售能力（商品本身、促销宣传等）决定。其实从某种意义上讲，进货数量反映了销售数量，那么这里的销售额可以说就是门店销售能力的结果，作为门店经营者还是无从下手。

现在我们从顾客视角重写销售额的计算公式：

销售额＝交易次数×顾客购买件数×顾客平均购买单价

销售额是由交易次数、顾客购买件数和顾客平均购买单价的乘积决定的。如图5-1所示，交易次数主要受来店顾客数影响。顾客购买件数则一方面取决于商品本身，如品质、口感、价格、品牌等因素；另一方面取决于现场魅力，如卖场布局是否让顾客很容易找到商品、陈列是否能激发顾客的购物欲望、POP宣传位置是否妥当、宣传语能否刺激顾客购买欲望等，这些因素都会对顾客购买商品件数有影响。

客单价则取决于商品价格，也就是要尽量提升顾客购买商品的平均单价。而商品价格大多使用"成本加成定价法"，也就是进货成本加上一定比例的利润，那么很容易想到的就是降低进货成本和增加利润两个方面。降低成本需要和厂家谈判，除了增大进货额以外很难实现；单纯加大利润比例，顾客会不认账进而造成顾客流失。

这个问题看起来很难，但实际上比较容易解决，**只要顾客能接受你增加的价格（利润部分）就可以了**。至于怎么才能让顾客容易接受，一个是通过增加商品的附加价值实现，另一个是通过增加自有品牌的销售比例。

前者如厂家品牌商品，各家企业销售的商品规格和价格不会有太大差别，因此超市可以和厂家制作联合品牌或独家型号商品，让顾客知道该商品是和其他竞争对手门店销售的同质商品不一样的，有它价格的合理性，顾客就会容易接受。

而后者之所以强调自有品牌，是因为自有品牌是零售企业企划生产，商品利润结构几乎不透明，通过提高品质、口感等提价，不太会遭到顾客的质疑。这里说的自有品牌不仅包括一般商品（包装零食等工业制品），还包括各种现场加工制作的主食及烹饪菜品等熟食，而熟食的利润空间更大。

关于节流，从成本构成上看包括商品进货成本、水电煤气等门店运营费用、人工费、广告宣传促销费、其他经费（行政管理等）。商品特别是食材等消费期较短的商品因无法出清导致废弃的商品损耗事实上也降低了企业利润，因此可以看作是一种成本。

这里我主要对超市商品损耗管理和员工管理给出建议。首先，对于损耗问题，日本零售行业习惯之一的"1/3 退货

超市攻略

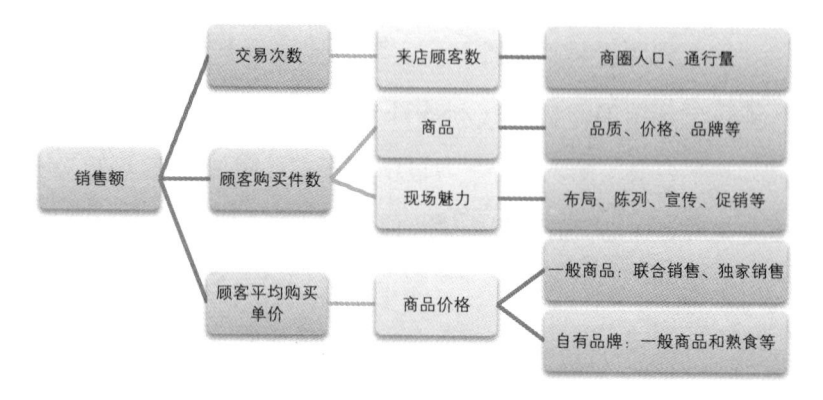

图 5-1 影响销售额的因素

原则"（图 5-2）遵循商品有效期如未满自生产日起到赏味期限（有效的消费期限）为止合计日数的 1/3，则可以退货。由于日本人对食品品质要求严格，为了保证顾客购买到的商品新鲜，长久以来一直维持着这项原则，对于还有 2 个月到期的商品因无法退货，零售商会进行折扣销售甚至直接作为废弃商品扔掉。这使得零售商存在大量商品损耗。

日本总人口约 1.2 亿、食品自给自足率为 38%，也就是说每年要从国外进口 62% 的食品，这种情况下年间食品废弃量是 1700 万吨[①]，不仅造成很大的浪费还带来了严重的环境问题，为此工厂、餐饮、零售企业也在不断寻找解决方案。

---

① 自给自足率以卡路里计算 2013 年数据。食品废弃量为消费者厅消费者教育推进课 2019 年数据。

第五章 关于如何提升利润的讨论

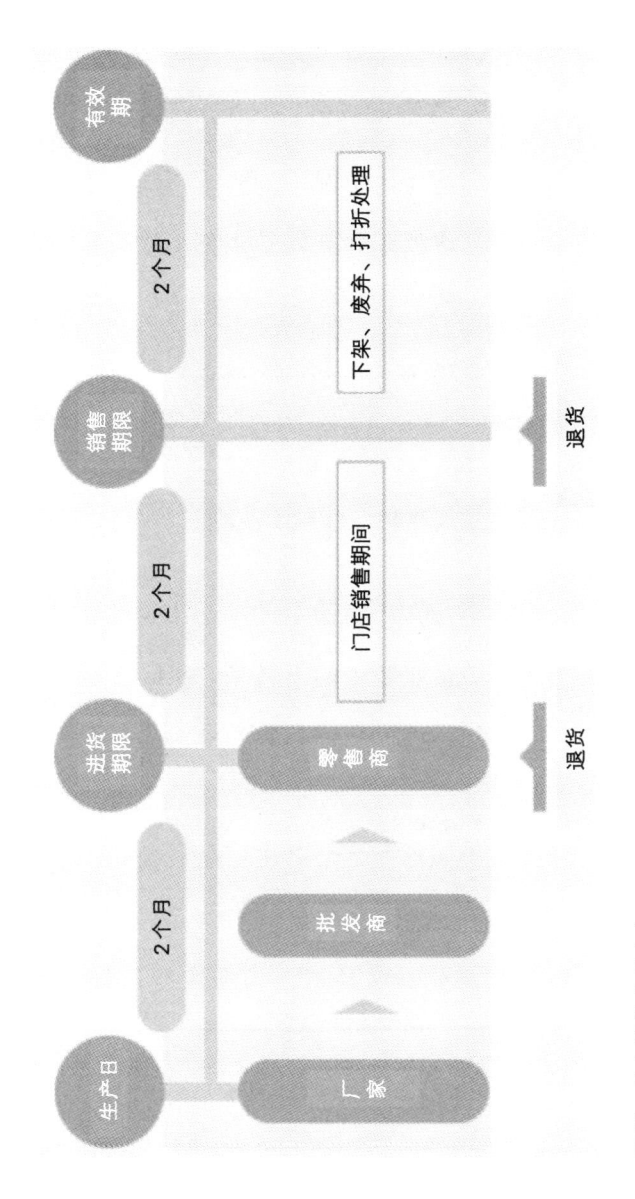

图5-2 日本零售行业1/3退货原则

来源：日本节约食品中心。

关于改善食品损耗问题，最直接的解决方案就是缩短商品废弃期间。通过对 5 家门店的日配商品进行的调查显示，在将 2 个月的废弃期间缩短的情况下，能达到约 10% 的抑制废弃效果。其实 1/3 退货原则并无科学依据，它只是一种行业习惯，因此将最后的废弃期间缩短、增加销售时限可以有效减少损耗。那么，超市企业在日常经营管理中应该如何管控食材、降低损耗呢？

$$损耗率 = 损耗金额 \div 销售金额$$

损耗率是由损耗金额在销售额中的占比决定的，而损耗金额的相对大小决定了企业整体的损耗率。实际上损耗金额由**降价/打折金额**和**废弃金额**构成，要降低损耗金额就得减少因食品过期导致的降价/打折处理，同时减少食品腐坏废弃的部分。但在实际操作中因涉及环节较多，所以较难控制，这也是损耗率一直居高不下的原因。

解决这一问题的有效方法是将"**商品流通环节**"分解，逐步降低损耗。为什么是流通环节而不是销售环节呢？因为损耗早在进货、运输途中就已经产生了，对于超市企业来说，整个商品流通环节每个节点上都有可能产生损耗。参见表 5-1，在商品流通过程中的 5 个环节都可能发生商品损耗，可管理者关注较多的往往是商品出清以及剩余在库的处理，而实际上在商品订货时，订货数量不当是导致后续在库商品过多的根源。

表 5-1　商品流通环节中可能产生的损耗及处理

商品流通	1. 订货	2. 运输和仓储	3. 加工处理	4. 商品出清	5. 未出清在库
依据和管理重点	依据销售指导书	严格管控温度和鲜度食材取放标准	必备商品知识，处理技术技巧	晚高峰前完成打折商品陈列	再加工处理
注意事项	订货过多：库存风险；订货过少：机会损失	供应链长：管理难度增大，损耗可能增大	店内加工：少量多次，适时调整	重点出清商品和打折力度管理	通过处理/烹饪等技术手段创造新价值

通常情况下我们依据销售计划指导书中各品类、各品种销售目标订货，除了依环比、同比等来制定销售目标外，还需考虑季节、时令、当天气温等因素来调整进货数量。需要注意的是，对于生鲜商品来说，进货数量过多不仅会导致在库发生，还会因长时间存放、保管导致商品品质劣化等问题；相反，如果进货数量过少，那么可能出现货架空置、缺货、断货的情况，进而造成顾客因买不到想要的商品而转去别家的风险，通常也被称作机会损失。

其次，在运输和仓储保管环节也容易产生损耗。众所周知，生鲜商品对温度和鲜度管理的要求较高，鱼类肉类保鲜需要较高的冷藏保鲜技术，而果蔬类商品因为植物在采摘后仍会存活，受温度影响呼出二氧化碳含量会发生变化，因此运输和保管过程中要通过预冷技术确保食材的鲜度和品质。同时，在商品存放保管时也需要一定的技巧，比如莴苣竖直冷藏（根部在下，同生长状态）比横放鲜度高等。

另外，食材供应链长短也会对商品品质有影响，因此近年来一些超市会倾向于销售产地直采、当天采摘蔬果等商品。

再次，在加工处理环节对商品的影响主要考虑两个方面：一是加工切割过的果蔬更容易腐坏，比完整新鲜的果蔬保存时间更短，因此如果采用店内加工间加工的方式，那么负责店员可根据卖场销售情况调整加工数量，尽量保持"少量多次"的原则；二是商品加工切割技术是否过硬会影响商品品质和口感，比如肉类、鱼类切割手艺是否精湛，肉片薄厚、切割手法等都会影响最终的食用效果。

之后是商品出清。很多门店会在闭店前2—3小时销售出清商品，其效果并不理想。正确的做法是利用早晚高峰期对出清商品进行销售，进而降低最终损耗。比如门店销售额以小时为单位，计算各个时段的销售额和销售额占比。基本可以确定**午前 11 点—午后 1 点为早高峰销售期及午后 5 点—6 点为晚高峰销售期，那么商品的出清准备则应在高峰期到来前的 1 小时（午前 10 点和午后 4 点）为限做好打折和陈列**。这样在闭店前基本可以将出清商品销售完毕。

来源：消费者厅消费者政策案例。

图 5-3 出清商品卖场宣传

对于出清商品可以制作特定 POP 以吸引顾客。如图 5-3 所示，超市对即将到期的商品加强促销宣传，引导消费者购买时间以便快速出清。从中我们可以看到POP等宣传材料不仅有食材提案，还有比较明显的"减少食品损耗"的标语，不仅表达了企业对环境问题的态度和责任，也容易引起顾客的共鸣。

另外需要注意的是，对重点出清商品进行管理可以有效地降低整体损耗率。通常的做法是将所有商品按损耗金额排序后，依照从高到低的顺序将商品做10等分，计算出每一个等分的损耗率（小计损耗金额÷小计销售金额），由此可以得到一条累计损耗率曲线（类似ABC分析曲线），从中我们可以看出：第一、第二等分内商品的损耗金额基本占到整体损耗金额的五成以上。所以，在对商品进行打折/降价处理时，可着重处理该两等分内的商品。

最后，打折降价仍未销售的商品会成为在库，可能面临腐坏、废弃风险，对此门店可以考虑对商品进行加工销售或二次流通。比如很多超市设有店内饮食区（Eat-in conner），顾客在超市购买的商品、熟食可以在店内食用。一些超市为了减少食品损耗，在饮食区或店内加工制作区售卖即食商品，而即食商品多是以熟食区商品为基础开发研制的。也就是说，当天熟食区剩余的菜肴经过加工变成即食商品销售，经过验证这种方法也能有效降低食品损耗。

再比如新鲜苹果运输过程中被压损、腐坏，或在库销售不掉导致腐坏时，如果把不能卖的苹果扔掉不仅浪费还会给企业造成大量损耗成本，那么可以考虑加工处理后再销售，可以切除腐坏部分后将剩余的切成果盘配其他水果销售，做成水果沙拉销售，做成苹果蛋糕或苹果派销售，做成果干、鲜榨果汁销售等。这样不仅可以大大减少果蔬损耗，还能创造出新商品、新价值。

关于熟食制作过程中的果皮，可以洗净用作天妇罗原材料，目前"果皮再利用菜谱"已有很多。而废弃的生鲜食材等，在无法进行加工处理的情况下，还可以考虑和环境处理企业合作，将废弃食材制作成有机肥料，进入二次流通环节。

提升利润，除了上述所说的开源节流以外，还有一个重要指标是提升单位效率，特别是劳动生产率的提升。劳动生产率也就是人效，即店内员工单位工作时间内的劳动成果（产出），在员工工资上升、人员雇用成本持续走高的背景下，提升人效对提升企业利润起着至关重要的作用。如款台人数设定、各品类课店员工作内容和时间的明细等。款台人数设定主要取决于各个时段平均服务顾客数。见表5-2，该门店各个时段款台平均顾客通过数为30人（"服务顾客数"

的平均值），那么可以看出在不同时段款台会出现人员不足、顾客排队等候或者人员过多没有事情做两种情况。而两种情况都会降低人效，因此超市企业需要重新配置款台人员工作，按照时段需要设置款台人数，其余时间用于其他作业，如清扫、理货以及调换休息和用餐等。

另一项提升人效的内容是制定各品类课员工工作手册。从总部到门店一般店员，对各级别各部门员工设定详尽的操作手册，手册中按照时间点设定工作内容及执行的标准和注意事项。通过这一做法让各级员工明确自己每日的工作内容和目标。但需要注意两点：一是工作手册、操作手册制定时需要考虑手册使用人员的文化水平和理解能力，尽量将手册做到可视化、简洁化，同时为了激励员工活用手册，建议可以做成活页或卡片，方便员工日常携带查阅；二是仅有纸质手册是不够的，对于手册内容需要定期进行培训讲解，甚至对内容理解程度和完成效果进行考评。日本超市人员培训多成体系，由人事部门和员工直属领导共同完成，其中值得我们借鉴的地方是直属领导或者前辈对于新人的"日常培训"，也就是在工作中带新人。

表 5-2 款台人员配置

	9点	10点	11点	12点	13点	14点	15点	16点	17点	18点	19点	20点	21点	合计
结账顾客数（a）	80	100	180	290	230	110	120	190	240	320	280	160	80	2,380
款台员工数（b）	5	5	7	8	6	5	5	5	6	8	7	5	5	83
平均服务顾客数（c=a÷b）	16	20	26	36	38	22	24	38	40	40	40	32	16	30

注：灰色部分为款台人员短缺造成店内顾客排队等候结账。

02 商品结构≠销售结构≠利润结构

作为超市的经营管理者，时常要思考的问题就是如何提升企业利润，如何把企业的毛利率从25%提升到27%。看似只有2个百分点却不容易实现。假设给你一个将毛利率提升2%的任务，你会如何去做？有哪些可行的方案可以帮助提升毛利率呢？

超市经营者脑中都有一个损益平衡点，通常你会想到通过提升销售额或降低商品损耗来实现利润提升。那么问题又回来了，怎么才能提高销售额呢？是增加促销频度还是提升商品促销力度？要知道在做促销活动的同时，给你带来的不仅是销售额的增加，还有相关费用（价格补贴、促销经费等）的增加，而最终毛利额是增加还是减少就不一定了。

其实可以换一个角度看问题，不做促销而从超市商品结构下手，通过调整商品结构来实现毛利率提升。接下来我们用一个"商品结构-销售结构-利润结构"的表格帮助你看清超市的重要指标构成，同时看看调整商品结构对毛利有多少提升效果。

表5-3假设了超市的实际运营指标，在商品构成和销售构成比例不变的情况下，企业的平均毛利率为25.3%。从毛利率水平来看，中食、畜牧产品和水产品的毛利率较高，而一般食品和非食品毛利率相对较低。据此我们对商品结构稍作调整，增加毛利率高的水产品（从5%增加到8%），同时减少一般食品的比例（从30%减少到27%），最终销售额和毛利率的变化情况见表5-4，销售额可实现104.7%的增长，同时毛利率由25.3%提升到26.9%，实现1.6%的增长。由此可见，商品构成对销售额及利润的提升是有帮助的。

表 5-3　品类占比分析（调整前）

	商品结构	销售结构	利润结构	
	进货金额占比（%）	销售额占比（%）	毛利率（%）	毛利占比（%）
农产	18.0	15.0	23.0	13.0
畜牧	7.0	10.0	28.0	15.8
水产	5.0	10.0	28.0	15.8
中食	10.0	10.0	37.0	20.9
日配	20.0	20.0	23.0	13.0
一般食品	30.0	25.0	18.0	10.2
非食品	10.0	10.0	20.0	11.3
合计	100.0	100.0	25.3	100.0

表 5-4　品类占比分析（调整后）

	商品结构	销售结构	利润结构	
	进货金额占比（%）	销售额占比（%）	毛利率（%）	毛利占比（%）
农产	18.0	14.3	22.0	11.7
畜产	7.0	9.6	26.8	14.2
水产	9.0	17.2	48.2	25.6
中食	10.0	9.6	35.4	18.8
日配	20.0	19.1	22.0	11.7
一般食品	26.0	20.7	14.9	7.9
非食品	10.0	9.6	19.1	10.2
合计	100.0	100.0	26.9	100.0

经过上述分析，我们有了一个重要的认知，就是超市企业的"商品结构"很多时候是不等于"销售结构"也不等于"利润结构"的。

那么实际经营管理中需要参照哪个目标呢？对此我认为尽管最终为企业带来实际增长的是利润指标，但考虑商品结构时仍要**综合考虑平衡"销售结构"和"利润结构"两项内容**。单纯追求利润指标，会打破商品结构，要知道超市不同于商业贸易企业，它是服务于普通大众的民生企业，为了保证大众消费者的饮食生活和身体健康，提供多种多样的商品是超市运营的根本。即使从顾客角度出发也是同样的道理，对顾客来说超市的魅力在于一站式购物带来的便利和商品品类、品种以及品质的多样性，既有实惠低价商品，又有高品质、高附加价值商品。因此不能单看利润指标而调整商品结构。

03 如何调整商品结构

关于调整商品结构，可以从两个方面着手。

一是重点商品管理角度，也就是按 ABC 分析法**将全部商品按照利润贡献程度**分为重点管理 A 类商品、中度管理 B 类商品以及一般管理 C 类商品（表5-5）。

表5-5　按利润贡献程度进行商品分类

	商品占比（%）	销售额占比（%）	销售额累计占比（%）
A 类商品	5	70	70
B 类商品	20	25	95
C 类商品	75	5	100
合计	100	100	—

A 类商品数量只占全部商品的 5%，但它对企业的利润贡献率约占 70%，是经营管理者需要重点关注的部分，不管是资源投入还是日常销售回转都需要投入很多精力。

之后是 B 类商品，其数量占到全部商品的 20%，也能为企业带来相当的利润，也就是说 A、B 两类商品能为企业带来超过九成的利润。

最后是 C 类商品，特点是数量多，但能带来的总体利润少，它的作用是充实商品结构、丰富卖场，用来引流顾客（图5-4）。因此，为了提升毛利，可以通过调整 A、B、C 类商品的比例，A、B、C 类商品中的内部排名来实现。

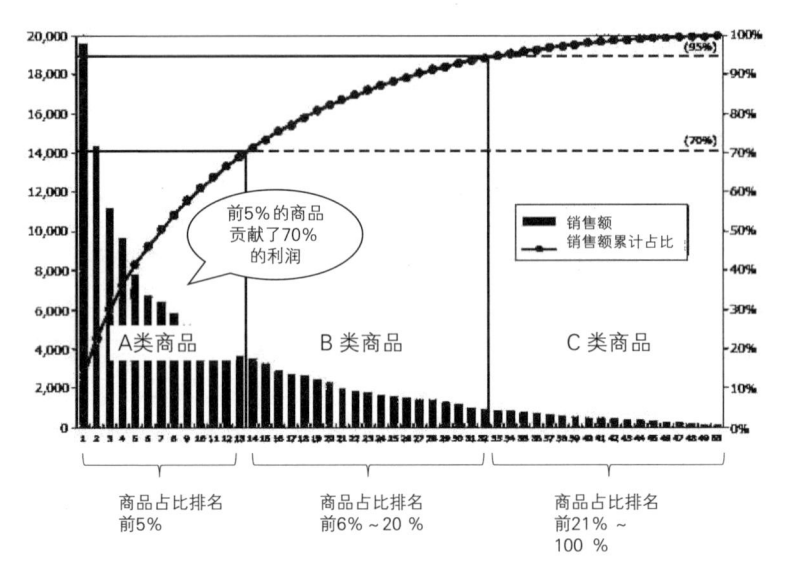

图 5-4　ABC 分析调整法

二是前述例子中提到的，按照品类调整商品结构，增加毛利高的品类比例，这里所说的比例不仅包括商品数量、卖场陈列展示以及排面，还包括商品化结构调整。先是将品类毛利贡献率排序，再按照品项、品种的贡献率排序，然后调整其中各品种的占比。比如按照"农产品—水果—水果品种"中各品种毛利占比进行排序，按照该品种对销售额及毛利的贡献对商品占比进行调整（表 5-6）。

表 5-6 品类—品种调整法

品类	品项	种类	品种	商品占比	销售额占比	毛利占比
农产	水果	橘子	砂糖橘			
			丑橘			
			蜜橘			
			芦柑			
		苹果				
		西瓜				
		……				
	蔬菜	……				
	花卉	……				

关于商品结构，要具体到每一种商品，按照商品形态、加工方法、容量大小等内容，分别查看毛利贡献程度，然后用上述方法进行比例调整。如橘子的利润贡献，既可以从品种出发做纵向对比，也可以从礼盒装、网袋装、散装、加工水果拼盘、橘干类零食等横向对比利润贡献，进行调整。

第六章

促销费给谁使用

超市在日常促销活动中会使用大量促销费，这包括和厂家的联合促销以及超市自己的促销活动，促销活动的效果和效率决定了接下来的促销费该给哪些顾客使用！这里我们参照的指标还是**毛利贡献率**，之前我们聚焦于物（即商品），本章我们聚焦于人（即顾客），将商品和顾客相匹配，把促销费的作用发挥到最大。

接下来我们通过三个侧面具体分析哪些顾客最需要投入促销费（资源）。

01 不服务于所有顾客

超市顾客通常可以分为三种：购买过商品的顾客即现有顾客，未购买过商品但将来也许会购买的顾客即潜在顾客，以及没有购买过商品、将来是否会购买也不确定的顾客即未知顾客。

对于现有顾客，超市可以通过POS数据了解顾客信息并做出顾客画像。但实际上，超市对顾客信息的应用并没有做到位，很多时候超市的促销活动和顾客画像存在断层，促销活动几乎是面向所有类型的顾客,目的也是"广撒网多敛鱼"。这样做的结果也许能带来一部分销售额,但需要提醒大家的是除了销售额更需要关注的是利润指标。要知道不是所有的销售都能带来利润,相反有些销售还有可能拉低利润。

比如有些顾客你要让他实现100元的消费,需要打折、促销、贴现,但你从这一单得到的利润也许只有15元,而且你要为15元的利润花掉20元的促销费(折扣、赠品、人员等),那么这100元的销售额就是没有意义的,甚至可以理解为你每成交一单就要损失5元。要知道"广撒网多敛鱼"后面还有一句,"择优而从之",也就是要对现有顾客进行甄别,选择其中真正能给超市带来利润的顾客进行营销。对此,我们看看美国一家航空公司是怎么甄别自己的优良客户的。

该航空公司通过数据分析得出本企业收益的65%来源于3.2%的乘客,所以企业大胆推想是不是只要服务好这部分乘客就可以了呢。于是他们开始了一次营销实验。他们将以前用在所有顾客身上的营销成本转而用在这3.2%的乘客身上,通过分析公司知道该部分乘客平均每年搭乘航班13次,于是公司推出特别礼券"感谢您一直以来搭乘本航空公司的航班。为了表示感谢,本次营销活动只为您自己提供特别优惠券"。通过这次营销活动，搭乘次数 15 次、20 次的顾客明显增加，公司获得极大好评的同时原有顾客的忠诚度也得到提高。

通过这个例子我们看出对现有顾客进行有效区分、选择性激励核心顾客的重要性。对于超市来说，现有顾客又可以分为 5 类，具体见表 6-1。

表 6-1 顾客区分和对应

顾客区分	销售占比（%）	毛利占比（%）	营销战略
忠实顾客	10	30	定制化营销，市场扩大战略 目标：提升顾客满意度
固定顾客	50	20	市场维持战略 目标：提升客单价和购买件数
追求特价顾客	20	10	特惠商品，出清商品 目标：提升购买件数
机动顾客	15	15	促进固定客户转化 目标：提升购买频率和购买件数
偶然顾客	5	25	口碑营销 目标：形成良好印象

注：占比数值为企业示例。

（1）忠实顾客，他们对超市企业有较强的信赖感和忠诚度。虽然这部分顾客对销售额贡献并不大，但对毛利的贡献是所有顾客中最大的。对于忠实顾客应采取的是市场扩大和定制化营销战略，维持和扩大顾客中忠实顾客的人数和占比对提升企业利润有较明显的作用。对于现有的忠实顾客，在每一次的购买活动中提升购物满意度是维系客户的有效手段。通常的做法是对该顾客群进行定制化营销，针对各个顾客的购买习惯和购买需求发送独一无二的商品宣传或特别优惠信息等，让顾客感受到自己受到的独特待遇，进而达到增进购买和提升购物体验满意度的效果。关于这一点我还将在本节最后"一对一定制化营销"中详细说明。

（2）固定顾客，即我们说的常客。这类顾客的特点是来店购物频率比较稳定，在企业中的销售额占比较高，但对整体利润贡献一般。对于这类顾客来说，一方面要在维持他们在本企业的消费的同时，尽量提升客单价和购买商品件数。比如通过POP宣传、现场试吃等活动，刺激顾客增加非计划性购买，除了购买常规商品外，也购买提升满足感、幸福感的商品；另一方面要促进顾客转化，由固定顾客转化为忠实顾客。顾客转化单靠商品维系是不够的，还需要顾客和门店建立感情联系和信赖关系。比如增加和顾客的交流，针对顾客的需要给予适当的建议。需要特别注意的是，目前国内超市卖场中多设有厂家促销人员，通常促销人员会出于厂家要求及商品返点等努力推销目标商品，这样做虽然对增加单次销售额的确有一定效果，但不利于门店和顾客建立联系，相反因为推销过度还有可能招致顾客反感，降低顾客满意度。而促销的结果也并不一定反映商圈市场需求，更多时候反映的是厂家促销力度。

（3）专注特价商品的顾客。他们对价格敏感，通常只购买门店的特价商品。对这类顾客提供普惠有可能出现我们之前提到的拉低企业利润的问题，因此在营销活动中不支持过多的商品宣传策略，而需要利用顾客的特点为企业引流和帮助消化出清商品。

（4）机动顾客，即固定从几家门店购物的顾客。该顾客群的特点是，居住地附近可能有几家竞争超市，顾客在购买商品时会根据几家超市的商品种类、价格等来决定购买或轮流去几家超市完成一次购物旅程。针对这类顾客，企业的着眼点应放在提升顾客来本店的次数以及每次购物时顾客的购买件数，通过这两项指标的提升，逐步把机动顾客转化为固定顾客。这需要企业在商品上下功夫，比如通过商品结构规划、推出强有力的自有品牌等来确立本企业在顾客认知中的独特性和唯一性，以差异化手段确保顾客。

（5）偶然顾客，即偶然路过一个门店而发生购买活动的顾客。该顾客群的特点是，顾客流动性强，主要居住区域不在商圈内，有特定需求时才在商圈内门店购物，对价格不敏感，比如探亲访友、公园、医院附近的超市等。这类顾客在销售中占比极小，但带来的利润并不低，因此对待这部分顾客需要从长远着手，通过口碑营销、品牌营销达到提升企业整体知名度和美誉度的目的。

了解上述 5 类顾客的存在有利于企业开展有针对性的营销活动，实现更好的营销效果。顾客管理中常用的手法是 RFM（Recency Frequency Monetary）分析，通过顾客近期购物实绩、购物频率和购物金额来确定哪些是优良顾客。具体的分析方法是为各品类/各品种商品追加比重，品类/品种小计为 100%，分别设定购物实绩、频率、金额三项比重，通过各品类/品种加权平均算出合计数值，按照高低顺序排序确定优良顾客名单，进而开展下一步营销活动。

超市经营者经常关注的另一个着眼点是会员开拓，即如何增加企业的新会员，通过新会员来提升企业销售。要知道开拓会员是一项非常耗时耗力但效果无法预测的活动。很多时候我们看到门店会开展办会员卡赠送礼品等活动，它会耗费企业大量的促销费，而得到的新增会员仅停留在数字上。

新会员的价值不在于新增数量，而在于他能给企业带来多少利润增长。企业可以统计观察一下，在每次的开拓新会员活动中，能新增多少会员？然后把他们按照上述 5 个类型分组，看看有多少能成为忠实顾客或固定顾客？最终能为企业带来的利润有多少？同时你投入的会员拓展促销费和你从他们身上得到的收益是否对等？

有数据显示，开发一个新会员远不如将该费用花在老会员身上带来的效益大。这里不是说那就不去拓展新会员，而是你要衡量、有针对性地拓展。

图 6-1　顾客群种类划分

另外，在竞争日益激烈的零售环境中，超市的营销战略也需要做出调整。从前超市行业的营利模式主要是统一进货、大量销售，在门店数量少、商圈人口密度高的时期，大众营销可以满足超市增收增利的需求。但随着超市企业的增多、商圈门店数量激增，同时大量风投资本的进入使得零售行业竞争日趋激烈，大众营销已经无法吸引足够的顾客，对于零售企业特别是超市而言，和顾客建立联系、形成信赖关系才能长久地维持顾客、提升顾客忠诚度。对此超市需要转变营销策略，从大众营销过渡到精准营销以及对每一位顾客进行一对一的定制化营销（one to one marketing）。

图 6-2 中总结了传统的大众营销方式和定制化营销的区别。大众营销通常是向所有顾客发放广告宣传单，或者统一

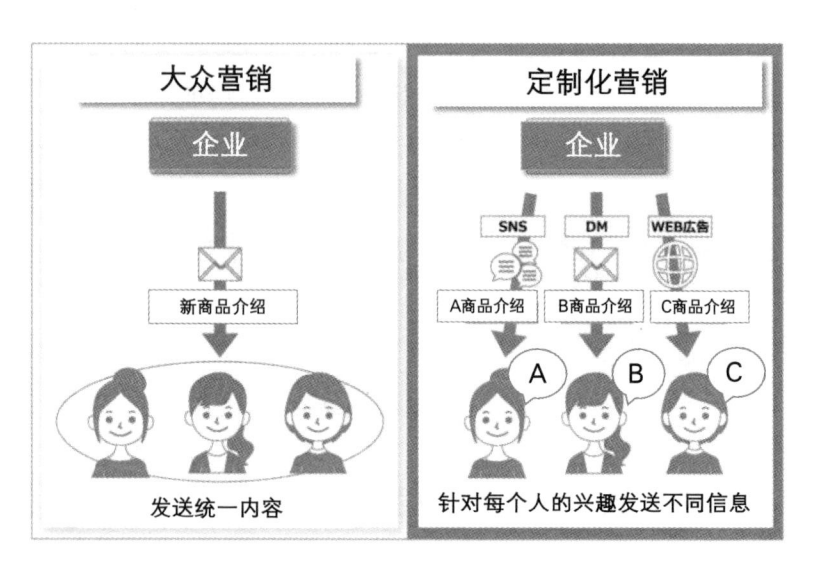

图 6-2 定制化营销概念图

发放优惠券等；而与之不同的定制化营销则是针对每个顾客的特点和需求，单独发送有针对性的商品信息或优惠券，且发送方式也因人而异，如利用纸质广告单、微信宣传、电子邮件等。根据顾客的反应（回馈和以后的购物清单）来调整发送内容，不断提高和顾客接洽的精准度。

其实定制化营销技术已经非常成熟，例如我们平时会收到推送邮件，或者大家在观看网络电视或进行网络搜索时系统会自动推送你可能感兴趣的内容，这就是基于你以往的记录、消费等信息做出的定制化营销。以往的技术手段要实现定制化营销会花费大量的成本，主要用于顾客信息收集、统计分析和建模等过程；现在通过 AI 自动化分析技术在大大提高分析效率和精度的同时，最大限度地缩短了分析周期，为企业争取了时间。

02 你能说出顾客的名字吗？

定制化营销的起点是你需要了解你的顾客，建立和顾客的沟通和联系。这些联系不仅是物理上的、数字上的，而是人与人之间的交流。

如果你是一个店长或者门店的员工，那么你能说出几位顾客的名字？你能说出他们喜欢什么时间来购物吗？每次来购物都买些什么东西？如果你的回答是肯定的，可以说你是一名非常优秀的员工或管理者。为什么说叫出名字很重要呢？因为所有与人的交流和了解都要从称呼开始，你需要找一个切入点和顾客建立联系，而且这种联系是长期的、稳定的。

比如一位50岁的阿姨，每天都会来门店买东西。如果店长在查看卖场时看到她，主动地打个招呼，比如"王阿姨，来买东西啊！家里的孩子想吃什么？今天新到的零食年轻人特别喜欢，给孩子备点儿"。那么对于顾客来说，购物体验会非常好，因为你不仅记住她，还知道她的需求，时间久了她就会愿意跟你分享自己的诉求，或者家庭情况。当然这并不是为了打探私生活，而是为了给她提供更好的、针对她家庭需求的服务。如果有一天这位王阿姨没有来，你自然会想到"是不是家里有什么事"，这时你可以适时地打电话询问"是否需要帮助"。

通过和顾客的日常交流，顾客和门店的关系就从单纯的买卖、对立变成通过感情维系的信赖关系，那么这时候顾客自然不会因为你的橘子比对面超市贵5毛钱而去别家，你的顾客忠诚度就会得到很大的提升。

通过会员信息和顾客沟通，可以建立立体的顾客档案，每一位顾客也不再是会员管理系统中的记录，而是喜好鲜明的个人。和顾客建立信赖关系，不仅可以帮助超市企业维持销售，还能获得足够的市场信息，既包括商品信息也包括竞争对手的信息。通过日常的交谈了解顾客更多的需求或不满非常重要，它的效果甚至可能比你花钱去做市场调研还好。如果管理者足够聪明，就知道通过对这些需求的叠加和不满的处理，可以让企业比区域其他竞争对手更先一步了解市场动向，提前做好准备。

就如《孙子兵法》所说的"知己知彼，百战不殆"，这里的"彼"不仅指对手，还指顾客。对此我向管理者推荐以下卖场顾客记录表（表6-2、表6-3）。卖场顾客记录表的使用方法是每日做卖场顾客的心声记录，将和顾客谈话中的重点需求等信息记录下来，如果你从来没有做过类似的工作可能会感到很困难，那么可以从常客、熟客开始"聊天"，一天聊6—8位顾客，每周就能收集42—56条记录。**店长将每周汇总的记录进行需求和问题点总结，再给出自己相应的提**

案，反馈到商品部门进行商榷讨论，结果可以反映在后续各周的促销活动中。需要注意的是，与顾客"聊天"时最好不要边聊边记，那样会招致顾客反感，事后做好记录即可。

表6-2　卖场顾客记录日表　　　年　　月　　日

顾客信息（姓名或称呼）	来店时间	顾客的心声（需求或不满等）

表6-3　卖场顾客记录周表　　　第　　周

顾客的心声汇总（需求或不满）	店长总结需求/问题点	提案/对策

通过和顾客建立联系，不仅能帮助企业提升重复购买率和销售，还可以有效防止顾客流失（图6-3）。对非忠诚顾客群来说，如果商圈内出现强有力的竞争对手，那么顾客就会有很大的流失风险，也就是自己的顾客会跑到竞争门店去购买，而如果对方做得足够好的话，顾客还会成为对方的常客甚至忠实顾客。

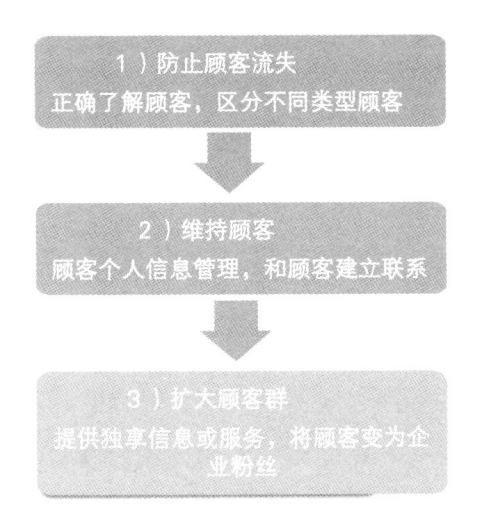

```
┌─────────────────────────────┐
│   1）防止顾客流失            │
│ 正确了解顾客，区分不同类型顾客 │
└─────────────────────────────┘
              ↓
┌─────────────────────────────┐
│      2）维持顾客             │
│ 顾客个人信息管理，和顾客建立联系│
└─────────────────────────────┘
              ↓
┌─────────────────────────────┐
│      3）扩大顾客群           │
│ 提供独享信息或服务，将顾客变为企│
│ 业粉丝                       │
└─────────────────────────────┘
```

图 6-3　顾客流失管理

因此，借助顾客管理、会员管理系统防止顾客脱离也是企业的重要课题。解决该问题的方法，先是企业需要足够了解顾客，即清楚地知道影响顾客购买的决定性因素是哪些。之后根据对各顾客群的数据分析确定有流失可能的顾客以及休眠顾客（一定时间内无购买记录），对于休眠顾客可衡量顾客唤醒成本和预期收益以判断是否进行唤醒；而对于可能流失的顾客，企业需要逐一追踪，通过个别管理和沟通来避免顾客的脱离。

03 卖场也有性别

对于顾客来说，如何评判一个卖场的优劣？顾客的评判标准是什么？如果你能清楚地回答这两个问题，那么相信你可以打造一个很受顾客欢迎的卖场。顾客的判断标准也许各不相同，有些看重价格实惠，有些注重商品新鲜，还有些喜欢卖场布置，那么对于管理者来说要用什么尺度来衡量呢？市场营销活动中有很多市场细分标准，如性别、年龄、收入、地区、偏好等，这里我们借鉴日本零售市场的特点，从最根本的男女认知差异的角度来帮助管理者厘清思路。

关于性别的分析和研究有很多，男女在认知上的差异主要表现在感情唤起和对事物认知的不同。研究表明，女性对感情因素刺激的反应和波动程度高于男性，特别是在对男女大脑核磁共振的研究中发现，女性大脑对于感情因素刺激的反应和对感情事物的记忆高于男性。这也能解释为什么男女在对待事物认知上会有差别。

比如对于优秀门店的认知，男性倾向于商品是否容易找到、容量大小、价格高低、是否有店员服务、停车场是否容易进出等物理因素,而女性则倾向于味道、购物体验、来自商品的感动、店员的微笑和愉快的交谈等感性因素。

虽然超市销售中男女在金额上的比例逐渐趋同,但从来店顾客来看,女性顾客数量还是高于男性顾客的。也就是说,卖场的布置布局以及店员的服务如果能给女性顾客带来愉悦,那么不仅可以增进消费,同时还有利于建立顾客联系。

从日本职场来看,虽然政府和企业在推进男女共同参与活动中获得了一定成果,企业中男女员工比例的差距也在减小,但从职位来看,处于领导岗的仍然以男性为主。在超市卖场管理中,商品部、区域经理、店长也多为男性员工,因此在布局卖场时考虑的角度更多的是在物理层面上,而对于情感方面的诉求相对较弱,这就使得卖场陈列会表现得较为理性。从这个观点来看,实际上超市呈现的卖场性别是男,而顾客希望的卖场性别是女,卖场呈现的需求和实际存在差距(图6-4)。

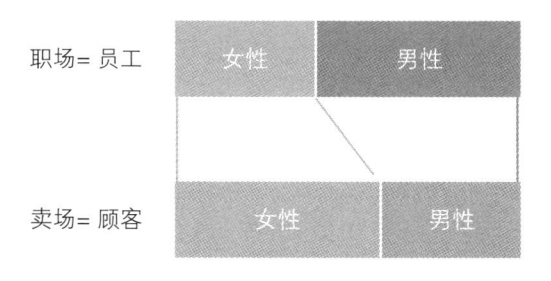

图6-4 职场性别和卖场性别

强调性别并没有歧视的意思，只是想让大家理解男女的认知和需求本就不同，就像男女朋友吵架，往往是因为不了解对方真正生气的点在哪里，男性觉得自己做得挺好、女性是在无理取闹，而女性觉得对方根本没明白自己要的是一个情感诉求，往往只要一个拥抱就能解决的事情，就因为认知不同反而造成冲突升级。

这种来自卖场性别的差距，既是问题点也是企业提升销售额和利润的机会。那么问题来了，男性管理者如何才能试着从女性视角考虑卖场管理的问题呢？方法很简单，只要多询问女性员工的意见就行了。

日本超市管理者虽然多为男性，但卖场员工却是女性居多，促销员、补货员、收银员等多为女性员工，通过建立从基层到管理层的信息提案机制（Bottom Up）就可以解决这个问题。卖场女性员工能从女性视角给出很多独到的建议，而且通常她们就在超市周边居住，除了是超市的员工之外也是超市的顾客，因此从某种意义上讲她们的意见也是顾客需求的缩影。

很多超市企业已经认识到这一点并做出相应的调整，如给予一线员工提案和实施的权限，让员工提案卖场制作菜肴

(制作方法、食材、宣传语等);通过每日门店会议讨论出好的方案让提案员工负责卖场实施、相关人员配合实施,实施过后对提案进行评价,如带来相关商品的销售贡献、现场顾客的意见和反应如何等,对该负责员工给予(正面)评价,以此来调动一线员工的积极性。

第七章

网购和疫情攻势下的超市攻略

第七章 网购和疫情攻势下的超市攻略

在第一章中我们提到日本超市行业面临的问题之一是来自网络销售的压力。日本网购是伴随着亚马逊和乐天等大型互联网销售平台的兴起壮大而展开的。相对于中国网购的发展，日本网购的推进较为缓慢。

我认为这是由两个原因造成的：一是实体店发展已趋于成熟。在网购兴起的20世纪初，日本零售业已经发展了60余年，业态和经营模式相对成熟，实体店铺在长期经营中积累了大量顾客和丰富的销售经验，它们非常了解顾客的需求，在日常经营中不断加强和顾客的联系，这使得大多数超市拥有稳定的顾客群。

二是国民性。日本国民的保守性决定了他们对于变化和新事物会有较长的观察期，防御心理使得他们对于新事物会持消极评价，尽管在国际化背景下年青一代的价值观发生很大变化，特别是变得乐观和开放，但社会整体还是呈现低度接受的状态。这使得今天的中国网购市场规模和发展速度都远远高于日本。

为此，日本零售和互联网行业也在做各种尝试和努力，包括第一章中我们提到的网上超市（伊藤洋华堂、7-ELEVEn的omni等）、网络平台及宅配（Amazon flesh、Oisix等）。互联网销售发展越快，实体零售店销售缩减的问题也越突出。因此，越来越多的超市在力图提升卖场效率的同时，也在总结、开发新的销售模式来应对互联网和数字化带来的冲击。

下面我们将介绍日本超市在**利用信息和 IT 技术提升实体店业务能力**和**开发网购所不能触及的独特领域**两方面所作出的创新。

01 竞争对手的画像

网络信息技术的发展使得企业比以往任何时代都更容易获得大量信息和数据，同时对于处理信息和数据的方法也是多种多样。对于超市行业来说，可以通过数据的挖掘和分析获得关联商品、顾客画像、会员退订等重要信息，为管理者决策提供支持。但数据挖掘和分析的前提有两个：一是企业需要收集多元化数据，并建立自己的数据池以供分析处理；二是数据的积累。在此我们通过对竞争对手 DM（Direct Marketing）的广告单分析来了解数据分析和应用的作用。

超市的 DM 广告单主要是指门店派发的纸质广告单，既包括店内直接分发、柜台摆放自由拿取的广告单,也包括超市投放在附近小区居民信箱中的广告单。另外,随着触屏手机的普及,现在 DM 广告单不仅是纸质的,很多超市为了顺应网络和手机 App 的应用,也纷纷推出了电子广告单。

企业推出广告单是为了吸引顾客,将企业的商品信息、促销活动信息等有效地传达给顾客,进而增加购买。实际上广告单的作用远不止于此,经由 DM 广告单的信息,超市企业可以最大限度地了解竞争对手的商品政策、厂家政策和市场动向,以此为本企业提供商品进货及活动提案的支持。

那么要如何活用广告单信息呢?

首先,收集广告单信息,包括纸质版和电子版的内容。然后按照超市企业和日期排序存档,建立历史数据。

其次,将广告单信息数据化。按照促销活动的结构分别将主题及主题下所有促销商品信息逐条录入,并将商品信息如商品名称、容量、产地、宣传用语等全部内容分解记录。如此一来,一张广告单就会有数十至上百条商品记录,通过对多家企业不同时期的广告商品内容信息的积累,就会有较多的历史数据。要知道,这个数据不同于超市企业的市场调研,它是真实发生的数据,也是该企业最想传达给顾客的数据信息，因此可信度和执行度都很高，既可以**为超市企业营销活动提供参考，也可以为商品进货及厂家提供决策支持**。

图 7-1 所示广告单是以父亲节为主线推出的"吃好东西，有好心情"主题促销，正面一版出现 7 个中主题分别是和牛（肉类）、海味（海鲜）、下酒食品（一般食品）、酒水配菜（混合关联）、下酒食品（果蔬、日配）、甜点冰淇淋（一般食品、冷冻），以及特别企划，其中以和牛为主。小主题为全品折扣 30%，其中主推 9 样商品分别记录产地、容量、销售手段、广告语等信息。以此逐条将广告单全部信息数据化。

图 7-1 铁路公司旗下知名超市 DM 广告单

再次，将上述整理的数据源以不同维度处理输出，可以得到：①竞争对手商品政策变化的综合信息，如对手在各期间的重点品类、主推商品信息、商品价格趋势、促销主题和促销力度等；②厂家商品政策变化和对各超市企业的扶持力度等信息，如主推商品种类、商品更新迭代、价格变化、对各超市企业的政策偏好等；③商品的市场需求变化，如各时期超市企业整体的商品倾向、主推商品变化、商品对应的营销活动主题、顾客刺激点等信息；④营销策略和重点信息，如特定商品、特定企业的促销主题和常用促销手段、商品和生活动向的关联情况等。

图7-2所示为针对某一营销主题进行的整体评价和分析，由此可以清楚地了解该营销活动的投入情况和执行结果，进而有利于对活动进行梳理并对今后的活动提供参考和依据，这对于提升营销活动效率和效果将起到很大的辅助作用。

另外，对DM广告单效果的评估也非常重要。营销活动过后，需要对促销商品进行业绩分析。除了该商品的同比、环比增长情况以外，还需要对商品组合销售、卖场问题进行反馈，特别是针对一线人员的意见和顾客的意见进行问题点总结，为下一次营销活动提供全面而真实的依据。

营销主题:　　　　　　　　　　　　　　　　　　　　展开时间:

主题展开和设计	· · · ·	标杆企业重点和设计	广告语例子
上年度竞争对手展开情况		中主题和广告语刺激点	

展开情况	卖场	部门	商品分类	竞争对手A	竞争对手B	竞争对手C	竞争对手D

商品名称	品牌/产地	
		竞争对手各年开展情况对比 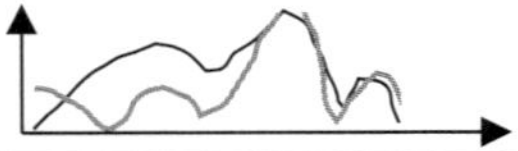
		综合各卖场/部门/商品分类展开情况 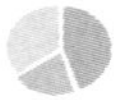
		商品分类价格对比 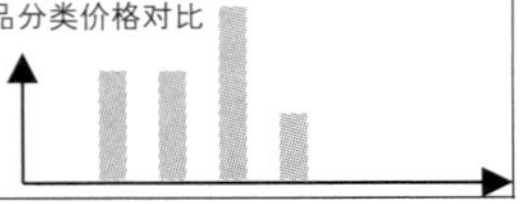

图7-2　输出分析结果

目前国内的超市行业公开数据较少，除了连锁经营协会的零售企业排名及年报外，几乎无法得到超市整体和各地区销售金额、盈利状况和各品类经营管理上的变化等内容，因此通过上述手段收集行业信息、了解行业中企业的商品政策走向和商品展开方式还是很有必要的，这能清晰地帮助企业认清自身在行业中的位置，同时设定榜样目标，找出自身和榜样目标企业的差距，优化本企业的经营管理体系，提升企业的核心竞争力。

02 人无我有，人有我优

在同业竞争、异业竞争以及网购的多重压力下，超市企业已深处市场红海，想要在竞争中脱颖而出，实现增收增益，就需要找到新的增长点，而生鲜和中食无疑就是红海中的突破口。

在长期的商品经营中超市积累了大量的经验，特别是对于非同质化的生鲜和中食的丰富的采购、管理经验，而便利店的优势在于特许经营和连锁管理模式，网购的优势则在于即时性、性价比和配送网络，所以两者对于商品本身的知识和品质管理并不在行（表7-1），这就给实体超市带来了希望。超市可以通过这两个品类的销售带动企业业绩增长，同时建立稳定的顾客群。下面我们着重来看超市的中食管理和营销策略。

表7-1 生鲜商品知识和品质管理要求

品类	商品知识要求	品质管理要求
农产（果蔬）	品种，作物生长，产地，口感特点，农药安全等	鲜度/温度管理（运输、保管、加工、温度等）
精肉类	种类，各部位口感，特点，检疫安全等	鲜度/温度管理（保鲜、冷冻解冻处理等）
海鲜类	种类，养殖，产地，口感，特点，食品安全等	鲜度/温度管理（保鲜、冷冻解冻处理等）
一般食品	商品规格（固定），价格等厂家谈判因素	防潮、防压等在库管理

中食主要是指熟食和便当等即食类商品。近年日本超市越来越认识到中食的重要性，在女性回归社会、婚后继续职场工作，单身家庭以及2人以上家庭数量增加等社会环境变化的背景下，如图7-3中所示，在近30年的饮食生活中，中

食的支出金额和比例持续增加。2017年日本超市连锁协会的数据表明，中食在超市各品类中的销售占比约为10%，今后仍有很大的成长空间。

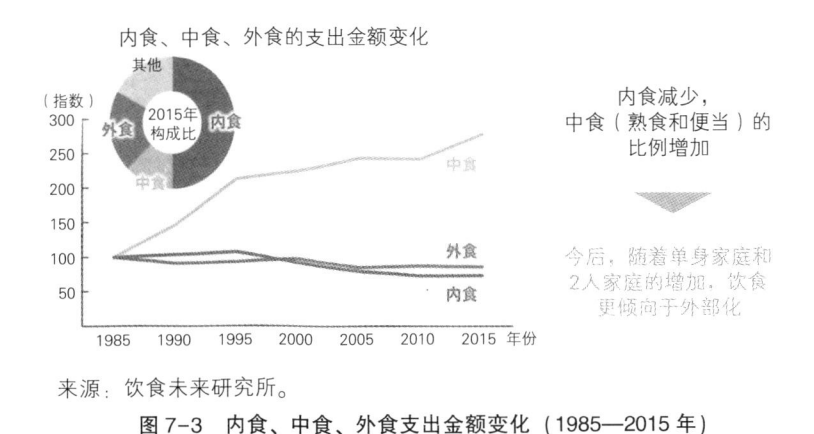

内食、中食、外食的支出金额变化

内食减少，中食（熟食和便当）的比例增加

今后，随着单身家庭和2人家庭的增加，饮食更倾向于外部化

来源：饮食未来研究所。

图7-3　内食、中食、外食支出金额变化（1985—2015年）

另外，自2019年10月开始消费税的税率由8%增长到10%，其中饮食类商品（除酒水）仍维持8%的税率，饭馆等外食产业则适用10%的税率。外食行业消费税上涨使得部分顾客回归内食、中食市场，超市也因此看到了机会，纷纷扩大充实中食销售区域，如扩大店内销售区域，在增加熟食菜品种类的同时，陈列数量也有所提升，最大限度地刺激顾客需求，促成中食销售的增长。

受2020年新冠肺炎疫情的影响，日本政府提出"国民自肃、控制不必要外出、避免三密"的要求，因此以外食、观光为代表的产业受到了严重的打击。但以食品为主的超市、以医药健康保健商品为主的药妆店等销售业绩不减反增，这是因为关系到国计民生，即使在疫情严重期间稳定的货源和价格给顾客带来了很大的安全感。

目前疫情扩散虽然有所好转，但仍未得到根本解决。早在疫情开始时，日本政府倡导为减少病毒传播、个人接触尽量保持 2 米的距离，这也被称为"社交距离（Social Distance）"。在疫情下以及后疫情时代，这种人与人之间的相处模式很大程度上会持续下去，对超市行业来说正是稳固中食市场、拉动生鲜商品销售（内食）的好时机。

超市企业纷纷采取行动，不仅在商品化上下足了功夫，对于防疫对策也考虑十足。如图 7-4 所示为烤肉串的销售，以往散装商品按品种堆放，顾客自行拿取装袋或装盒，而疫情下超市对散装的肉串也做了单独包装，防止病毒附着造成人员感染。尽管无法考量该做法是否有效，但却很大程度上给顾客带来贴心和安心感，无形中增加了顾客对超市的好感度。

第七章 网购和疫情攻势下的超市攻略

来源：食品产业新闻（2020年10月26日）"10兆日元规模的熟食市场，10年连续增长，2020年受新冠肺炎疫情影响亮黄灯"。

图 7-4 散装商品售卖

03 疫情下零售、服务行业创新事例

在新冠肺炎疫情期间，零售行业、超市企业也受到了很大的影响和冲击。超市企业纷纷探索新的经营模式并积极推行非接触式服务，如加快导入自助或半自助结款机、非触摸式感应结款机等，在节省人力的同时，也最大限度地减少了

191

人与人之间的频繁接触。另外，实体店铺加大线上销售的投入，如开设网上超市、超市 App 以及直播销售。

关于超市直播事例。 这里说的超市直播不同于 KOL 将销售商品搜罗起来通过直播形式介绍给大家，引导购买下单，而是指把直播间搬到卖场，直播人员就是普通店员。比如店员会将刚上架的熟食介绍给大家，通过镜头带顾客转卖场，同时接收网络订单。比如顾客需要牛肉，直播员会去牛肉卖场，通过摄像头将货架影像传达给顾客，顾客可以直接选择购买哪一种、哪一盒肉片等。这种方式属于网上超市和直播的融合，它由店员代替了顾客来到卖场采买，但同时挑选的自主权和全过程都是顾客自己决定的，避免了网上超市送货到家后顾客对商品不满意。

但目前超市直播并没有被大多数超市接受，其主要原因如下：

一是店员直播时可能会暴露来店其他顾客的隐私，如拍到其他顾客的脸、购物篮内的商品等。

二是对超市来说相应成本较高，如直播销售时，一名店员一次只能服务一位顾客，购买完成后，还需要有拿取、保管、包装、运送等一系列操作，而这需要一个团队来负责。

三是配送问题。

顾客下单后的操作流程和网上超市一样，需要分时配送，而日本配送服务人员短缺，导致无法做到即时配送。通常做法是每日配送 4 次（11 点、13 点、15 点、17 点），下单后 2 小时配送，并且需要收取一定数额的手续费。这对于超市来说不仅是配送成本的问题，同时 2 小时的保管时间也给商品管理大大提升了难度。顾客购买的商品中如果同时包含生鲜、冷冻和常温的话，那么在下订单后到配送前的这段时间是需要分开保管的，临配送前安排装箱打包。这也就加大了线上团队的工作量并对配送前的工作效率提出很高的要求。

关于亚马逊非接触式宅配的事例。疫情下光顾实体店的顾客数减少，相反网购行业和配送行业形势大好，销售业绩不降反升。但网购后的商品配送在配送成本高、企业人手不足的问题尚未解决时又面临一个更大的课题，就是因配送服务导致新冠肺炎的接触感染问题。

对此亚马逊推出"放置配送"的非接触模式。如图 7-5 所示，顾客可通过网络设置配送方式并选择配送地点，如自家玄关、信箱、车库等指定地点，在商品配送完成后顾客可即时收到配送完毕的消息。如发生"配送员商品已送达但顾

来源：亚马逊官网。

图 7-5　亚马逊放置配送业务概念

客没有收到"等商品遗失或被盗的情况，亚马逊承诺再次配送或全额退款安心保障服务。对于企业来说，相比于签收配送，放置配送虽然存在商品安全风险、发生纠纷时权责归属不明等各种问题，但它对减少因接触带来感染风险有着不可忽视的作用。同时后疫情时代对非接触服务的需求会越来越大，对企业来说这也是一个很好的契机。另外，放置配送还大大提升了商品配送效率。

众所周知，各大配送公司的签收配送，顾客可以指定配送时间带，那么配送人员需要在指定时间带内将商品送至顾客手中。虽然时间带通常以 2 小时为单位，给了配送人员缓冲调整的时间，但对于企业来说要实现每一单按时送达仍然需要非常严格的管理。而且即使是在顾客指定时间带配送时，也有可能出现顾客不在、无人签收的情况，对此顾客可以选择"再配送"并重新选择时间带，甚至是当天再配送。对配送企业来说这无疑会增大配送成本。而在放置配送模式下，无论顾客是否在宅，只需将商品放在指定地点即可，不仅缩短了每一单的配送时间，还节约了因指定时间带配送和再配送带来的物流统筹上的非效率，大大降低了企业物流和管理成本。在社会信用体系完善的情况下，非接触式宅配今后会得到更多的应用。

关于回转寿司 sushiro 外卖保管箱的事例。疫情之下，日本关东地区三大回转寿司企业之一的 sushiro 销售额达到史上最高，2020 年 9 月销售额同比增长 2049.5 亿日元，同比增加 2.9%，同时实现利润 64.2 亿日元（利润同比减少 35.5%），一跃成为回转寿司行业之首。这一切源于 sushiro 店内改革，包括厨房自动化、店内寿司回转台人工智能化、网络订单和外卖业务的发展。这里我们着重介绍 sushiro 外卖业务中使用的外卖保管箱。

如图 7-6 所示，sushiro 的外卖业务包括通过手机 App、

来源：sushiro 官网。
图 7-6　外卖订餐方法和保管箱使用

电脑网页进行网络订餐和店内、电话、传真点餐两种方式，目前都已实现自助化。订餐后系统自动生成二维码，网络订餐顾客通过网络支付软件付款，店内或电话订餐顾客可在取餐时通过店内自助付款机支付餐费。店员接收到外卖订单后进行现场制作装盒，然后在店内装入有冷藏功能的外卖保管箱，而在保管箱右上侧的屏幕上会显示已经完成的订单单号，顾客凭借 QR 码在保管箱上扫描打开对应保管箱，取走外卖。这种保管箱的特点是除了具有冷藏保鲜功能外，还可从店内和店外双面开启，顾客订餐全程不需要和店员发生接触，对于降低接触感染有一定的作用，同时缓解了疫情下顾客来店消费的紧张感。

关于烤肉店机器人服务的事例。从 2020 年开始烤肉店 king 在门店内导入配食送餐机器人，目前已有 242 家门店导入完成。如图 7-7 所示，机器人分 3 层，总承载重量 30 千克，而且托盘采取 360 度设计，可从各个角度放置、拿取菜肴，机器人按照系统要求路线送餐至顾客桌前提醒顾客取餐，因托盘内置 3D 传感器可自动感知重量，顾客取餐后机器人会自动返回厨房。同时，该机器人具有探知障碍物功能，对于配食通路上出现人或物的情况，它会自动避让行走，具有较高的智能性。

对于自助烤肉店 king 来说，这种自助机器人可实现一小时约 30 次送餐服务，大大节省了员工上菜、撤空盘的时间，因此员工可进行其他高创造性的工作，对于工作效率的提升有很大的帮助。2021 年 king 在各门店陆续推出店员帮助顾客烧烤、为顾客介绍食材等服务，这对活跃门店气氛、打造门店独特的服务起到了很大作用，受到了顾客的认可和好评。

以上我们对零售、餐饮行业的非接触创新做了简单的介绍，后疫情时代超市企业仍会面临很多难题，这就需要企业不断地做出新的尝试和挑战。值得庆幸的是，无论是互联网技术、AI 还是 IoT 技术的应用都取得了一定的进展，今后在零售行业，特别是超市卖场管理方面会有更大的施展空间。而零售行业经营管理者也需要转变思想，将关注重点放在商品化和商品化管理上，利用技术手段提升经营效率。要知道数字化时代的零售业不再是劳动密集型企业，而是技术密集型企业。

来源：软银 servi 配食机器人导入介绍。

图 7-7　烤肉店送餐机器人

第八章

超市变革的光和影

第八章　超市变革的光和影

以上我们分别从日本超市的变革、国外考察的方法、销售计划书的制作和落地、卖场布局的原则和调整方法、调整商品结构、有效使用促销费，以及环境变化下超市的各种新尝试等方面介绍了日本超市行业经营管理的技术和应用方法。本章我们将详细介绍两家超市企业，一是位于日本新潟县的K超市，它的特点在于积极进行横断型卖场变革和样本店展示，同时通过组织学习自上而下推进组织革新，并建立持续的核心竞争力；二是关东地区的食品超市八百幸，它的特点是通过提升商品附加价值来建立自己的核心竞争力。

01 K超市的卖场变革和组织革新

1）K社的发展和经营理念

新潟县位于日本的西北部海岸，地区面积12580平方公里，县内人口219.5万人、90.7万户。2009年以来县内人口持续减少，且老龄化严重，2021年65岁以上老年人口有72万，占县内总人口的32.8%。从人口结构上看（图8-1）中高

超市攻略

龄人口占到五成以上，相对年轻人来说，收入较高、生活稳定是该人群的特点。2014年该地区零售企业数量达1.8万家，零售从业人员11.9万人，零售企业年间销售额达228.5万日元，占日本全国零售年间销售总额的1.9%。

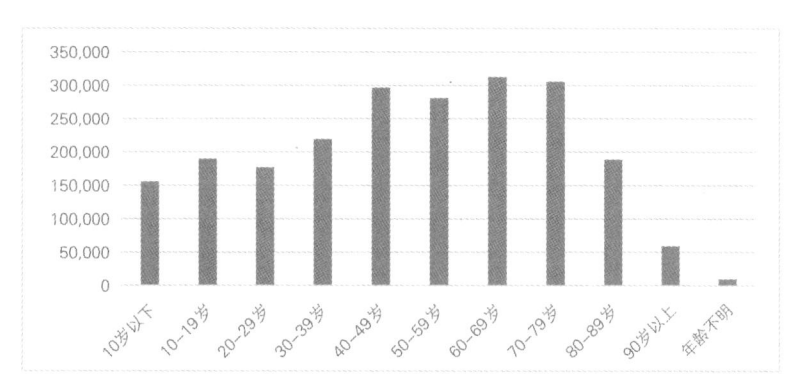

来源：根据新潟县政府统计数据。

图8-1　2021年新潟县人口结构（单位：人）

截止到2020年1月，新潟县内超市门店数为412间，其中食品超市383间，综合超市29间。县内排名前10的零售企业中有5家超市企业，各企业均有自己的主要销售区域，K社则以新潟县下越区域为主拓展门店销售网络。

K社成立于1953年，是一家有着68年经营历史的地方企业，自1962年开设第一家门店起，K社以新潟县为根据地扩大门店网络。截止到2021年3月已拥有41家门店，销售额从1979年的103亿日元增长到2019年的768亿日元，上升了将近6.5倍。但2015年以后随着竞争多元化的不断加剧，企业增长速度减缓，年间销售额增长率低于5%（图8-2）。目前企业员工人数3621人，其中小时工和兼职员工占八成。从商品结构上看，生鲜三品（果蔬、水产、畜牧产品）和日配商品销售占比过半，是K社的强势品类。

来源：根据K社官网数据。

图8-2 1979—2020年销售额增长

K社的经营理念是"被顾客责备、关爱、亲近，以诚信和挑战为行动基准，为顾客创造新鲜生活的同时，与合作商、股东、员工一同成长"。

企业通过和顾客建立信赖关系、坚定行为准则、坚守企业目标和维系社会关系4个层面来落实经营理念。如图8-4所示，金字塔最上层是和顾客建立信赖关系，在4个层面中它是最难实现的，因为顾客不从属于任何企业、有充分的选择权；作为增进企业和顾客关系的门店，它是企业和顾客直接接触的触点，很大程度上影响了企业和顾客的关系。

优质的商品、良好的服务、关怀的卖场、永远站在顾客身后为之提供好的饮食方案，让顾客在完成购物后有愉快、满足感是一个好的店铺、好的超市需要做到的。这些方方面面都反映了店铺和企业的**"触点（touch point）"**能否恰当合理地打动消费者。超市在商品差异化竞争的同时，提升和顾客的"触点"是关键。

再次是全企业的行动准则——"诚信和挑战"，对顾客诚信、提供优质适价的商品，这可以从"品质的价格"和"价格的品质"两方面来看。前者是说高品质商品以适中的价格提供给顾客，后者则是说以低廉价格提供优质的商品。因价格有明显的心理暗示作用，所以通常情况下人们会有"高品质=高价格""低价格=低品质"的想法。那么我们所说的则刚好相反，让顾客在购物过程中以及之后的商品消费中实际体会到**"高品质⇒低价格""低价格⇒高品质"**，进而将企业的行动准则"诚信"有效地传递给顾客。另一方面"挑战"就是不断尝试、推陈出新，让顾客在每日购物中不会感到单调和厌烦，相反通过企业的卖场呈现、联动活动、新商品等内容让顾客感到**超市购物过程的快乐**。

最后也是金字塔的最底层，是企业管理层、员工、供应商和股东。在传统管理结构中大家会认为经营管理者、董事会、股东等应位于金字塔顶端，它下面是各部门、门店、员工、顾客，通过商品销售从顾客口袋中赚取利润，这是典型的自上而下的统治型管理，上层部门的作用是发号施令，基层员工则负责执行。而在成熟的市场竞争环境下，上下部门的作用刚好相反，上层部门的作用是服务下一层员工，基层员工则服务于顾客，这也是我们所介绍的**服务型金字塔结构**。

关于这一点我给大家分享一个之前遇到的事情。一家有3间店铺的私人洗衣店，其中一间的6个员工都是兼职员工。有一天社长来这个门店视察，正好碰到一个员工在墙缝和机器之间插掉落的插头，因为缝隙非常小，所以员工和其他人试了几次都没成功。社长知道缘由后，让员工们去做其他事情，然后自己趴在地上伸着胳膊弄插头，弄了半个多小时才插上。要知道社长穿着西装，而且当时已经60多岁了，他完全可以责备那个员工，让其他年轻力壮的员工搞定它，但是他没有，而是自己去干了。后来他说，员工有了任何解决不了的事情都是他的责任，他应该去帮助员工完成工作，这就是他的工作。

可以说K社的成功很大程度上正是得益于这种自上而下的服务意识。这种服务意识不仅体现在企业内部工作中，而且通过"触点"传达给顾客，也就是图8-3右上方提到的"物"、"人"和"卖场"3个维度。"物"是指卖场中陈列的

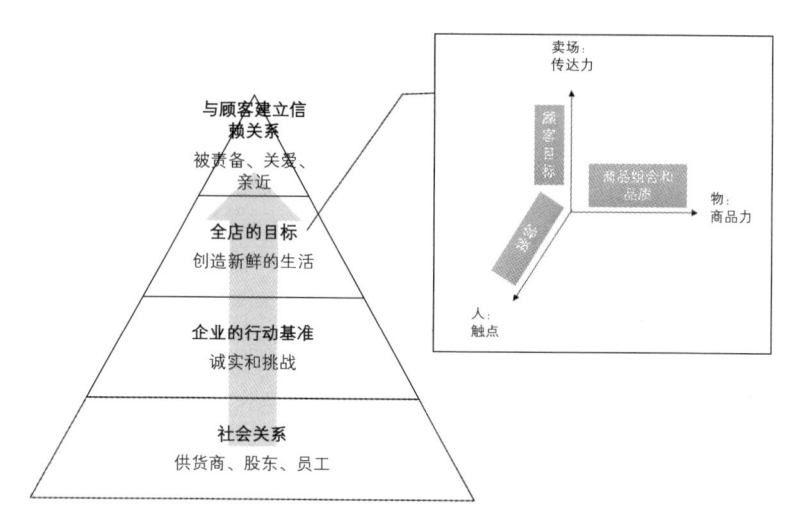

图8-3 实现经营理念的4个层面和3个维度

商品,"人"是指店员通过"触点"为顾客提供多元的服务,包括区域引导、商品查询、商品信息确认、顾客关怀、微笑和周到的服务等。而"卖场"则是把"物"和"人"以令顾客舒服的方式结合起来。K社管理的关键就在于实现了上级服务下级、员工服务顾客的良性循环,并将之融入到企业文化中。

2)卖场变革:横断型卖场

接下来我们看K社在卖场变革上所做出的努力。这里主要介绍横断型卖场实施和通过区域合作创造价值两点。

首先就横断型卖场变革,从想法的诞生、计划和实施到之后业务流程的改善来做剖析。在大多数超市卖场按照商品品类、种类纵向布局的背景下,为什么K社要打破这个标准布局模式?横断型卖场到底是什么?

横断型卖场不是单纯的关联商品就近陈列(Cross Merchandizing),而是门店根据主题、季节饮食提案来设计卖场,一个销售区域中会有多个部门协作,同时开展商品陈列。K社推行横断型卖场布局的初衷有三。

其一是通过各区域主题关联商品的陈列影响顾客的饮食

文化和习惯，同时促使顾客的单次购买商品件数增加，引发非计划性购买。因为门店是商品和顾客的接口，厂商有自己的商品策略和实施重点，顾客有自己的购物习惯和饮食方案，这两者是脱节的，门店通过提供主题商品提案，并将商品进行关联陈列，可以有效地将两者结合。如门店通过各周的营销提案、应季商品的饮食菜单将商品以顾客需求的视点展示给他们。特别是食品超市的定位，不应该是进货销售的中间商，而是为顾客提供饮食文化、健康维持的专家。之所以称为专家是因为超市清楚每件商品的品质、特点，所以才能为大家提供更好的建议。而横断型卖场不仅满足了这一点，还同时具有集中陈列、方便顾客选取（one-stop marketing）以及避免遗漏商品的功能。

其二是强化核心竞争力。一般超市以部门、品类为单位纵向管理卖场，因为这样便于卖场的商品陈列和对商品的日常管理，特别是对一般员工每日理货、出货等业务操作来说，纵向卖场能够实现作业、管理效率最大化。**但顾客并不关心"效率"，他们关心的是"效果"**。虽然"效率"＝降低单位成本，效率的提升能够帮助企业提升利润，但同时也会影响到最终的"效果"，因为通常情况下"好的效果"＝高成本。

从这一点来看企业和顾客追求的目标是南辕北辙的。

在卖方市场环境下，顾客会去适应卖场和企业，但在成熟的市场竞争环境下，特别是行业竞争激烈、异业竞争以及网络竞争者的加入，买方占主导地位，顾客的需求不仅更多样、更细致、更严格，而且他们不会迁就卖场或企业，如果在卖场中得不到满足，他们会"用脚投票"，转而去其他卖场。

这种情况促使超市企业彻底转变思维，不论是商品采购还是卖场管理更加注重顾客体验和顾客满足，打破商品品类纵向管理模式，按照顾客的购买习惯和商品使用习惯来重新构建卖场。

超市的作用除了"集货分销"外，更多的是帮助顾客解决日常饮食难题，卖场是顾客的储藏间，而饮食提案是顾客的智囊团。实现这一转变的方法就是横断型卖场，它可以让顾客在每一个区域感受到生活场景再现，这有点像宜家的展示卖场。但实际上卖场结构变更并不容易，因为它不只是商品陈列位置的变化，还关系到组织构造的灵活性和各品类人员的横向协调能力，可以说实现横断型卖场变革体现了K社的核心竞争力。

其三是在异业竞争中凸显差别化。众所周知，近年异业竞争逐渐加剧，药妆店、便利店等超市以外的零售业态为了引流顾客也纷纷导入饮食商品扩大店内食品销售区域。

如便利店推出新鲜果蔬区，售卖小包装、单独包装蔬菜水果，如香蕉、苹果、西红柿、黄瓜等，虽然品种有限、数量也不多，但却给上班族提供了不少的便利，使得原本需要去超市才能买到的商品，在随处可见的便利店也能购买。

而药妆店因面积相对较大，引入的食品食材也比便利店丰富。从数据来看，2019 年药妆店食品销售占比 Genki 为 61.2%，Cosmos 为 56.3%，Kawachi 为 46.2%。其中 Genki 十分重视食品销售，在卖场中导入生鲜食品区，同年还在岐阜县建立自己的生鲜处理中心和物流配送中心，以强化生鲜商品销售。

可以说来自药妆店及便利店的压力使得食品超市不得不提升变革速度，促进卖场精细化和合理化管理。这是 K 社开始推行横断型卖场变革的初衷。那么变革的实施过程和具体内容又是怎样呢？

横断型卖场设计包括日常商品陈列和促销活动陈列。这里我们主要说后者，促销活动企划的卖场陈列。K 社的做法是，①在活动日前的三个月，市场营销部门开始收集市场信息、顾客需求和竞争对手信息，结合本企业目标顾客设定促销主题。②之后制作详细的商品清单和各式饮食菜单提案，并将初定内容与各部门交换意见，再修改企划内容和具体实施条件等，然后进行二次确认。③如没有问题则按照企划案内容推进订货、进货、核查以及装饰品等卖场各项准备工作。④在促销活动日前的2—3天变更卖场陈列、添加装饰物、完成促销卖场布局，强化顾客对促销活动的认知。⑤促销活动过后，各部门针对销售情况做出整理和分析，不仅包括各项数字指标的完成情况，还有卖场员工、店长、区域经理以及总部各部门人员的意见和反馈，并进行讨论和反省，将需要改进的问题点罗列出来以便下次活动参考。

  促销活动的重点在于整个活动设计、企划、实施和反省过程中需要各部门多次沟通协调，打破各部门各自为政的壁垒，如商品部在订货之前要和门店店长沟通，确定顾客需求以及商品的陈列摆放排面等内容，**以销订进**，而不是从前的先订货、到货后再安排该放到哪里、怎么卖给顾客（图8-4）。

  另外，关于区域合作创造价值，K社与新潟县下新发田市政府合作，开展复活中心商业街计划。2019年8月末K社关

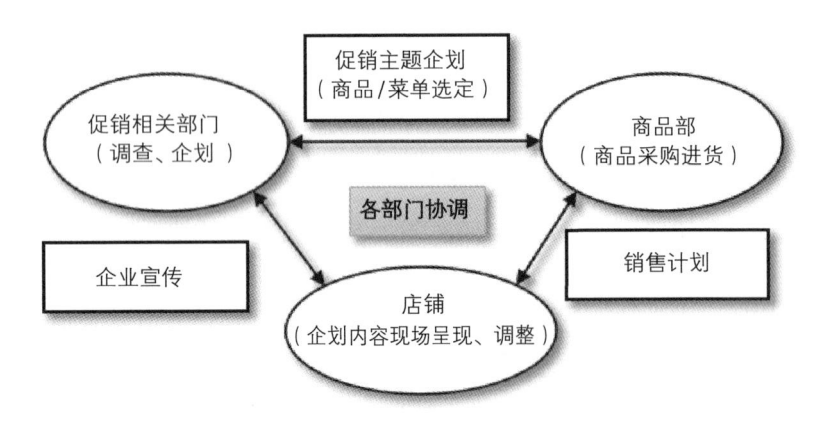

```
         促销主题企划
        (商品/菜单选定)
  促销相关部门              商品部
  (调查、企划)           (商品采购进货)
           各部门协调
   企业宣传                销售计划
            店铺
       (企划内容现场呈现、调整)
```

图 8-4　各部门协作共同完成促销企划

闭了当地一家门店，同时周边商业街衰退严重，为了改善当地商业环境，K 社与当地工商协会合作，参与 2020—2024 年 5 年企业支援以及新基地开发等活动。同时，积极开展汽车移动销售，为住在购物不便地区的顾客提供便利和基本生活保障。

实际上随着少子高龄的加剧和人口流向大都市等问题的出现，很多地方城市人口减少，特别是随着年轻人口减少，地区活力下降，商业环境不断恶化，传统的市中心商业街出现经营不利、商店关门的情况，给当地居民生活带来很大不便，这也是日本越来越重视"购物弱者""购物难民"的原因。而 K 社的行为一方面为改善当地居民购物条件提供了很大的支持和帮助，另一方面也为企业树立了良好的口碑和形象。

第八章　超市变革的光和影

除此之外，K社还参与政府牵头的高年级小学生（五、六年级）购物讲座和便当日活动。购物讲座是每月由总部安排人员到小学讲解商品知识，如何选购新鲜的蔬菜水果，如何给自己做便当等（图8-5）。有时课堂直接设在卖场中，如平日上午顾客不多时在果蔬销售区域给小朋友讲解具体挑选方法等，之后小朋友可以在店员的带领下完成购物（500日元），将自己选购的商品拿回家后，在父母的指导下给自己制作便当，第二天带到学校和同学一起食用。根据每期活动计划的不同有时也会在门店由店员带领小朋友做便当（图8-6）。

来源：K社官网公开信息。

图8-5　购物讲座活动照片

来源：K社官网公开信息。

图8-6　便当日活动照片

213

这一活动受到学生和学校的认可，特别是得到了家长的好评和支持。因为随着孩子的成长，他们和父母之间的交流也在减少，有些孩子甚至很少说学校的事情，但通过便当日的活动，孩子非常开心知道父母都不知道的购买食材的技巧等生活知识，因此乐于和父母分享并炫耀自己的小成就，这无疑增加了晚饭过程中的话题，活跃了家庭气氛，也增进了父母和孩子的交流。

活动的效果远不止于此，在活动推进过程中，父母因为孩子以及家庭气氛的变化，会增强对超市的好感和信赖，无形中实现了与顾客建立信任关系的目标。另外，超市也在潜移默化中培养了顾客的购物习惯，积累了自己的潜在顾客。要知道成人的购物习惯和购买经验都是从小形成的，好比有时你会非常想吃父母做的饭，也许父母做的味道不如外面厨师做的好吃，但你就是想吃，这是为什么呢？因为你从小就吃、已经习惯了，不管好不好吃每隔一段时间就会想吃这个味道。就是这个道理。

3）从个人学习到组织学习

考察了卖场变革的方法和内容后，我们来看它背后的企业在整个活动中起到的作用。这就要说到个人学习、组织学习和组织变革三个过程。

个人学习和企业的成长密切相关。特别是日本企业人事管理中对人才的培育和个人职业生涯有着很好的设计和规划。对于从事管理职位的员工来说,职业学习是必需的,其中包括职业资格取得和企业规定的培训等级。

K社在实施卖场变革前,经过了较长时间的管理者个人学习,管理者每月参加外部的卖场管理相关培训,同时在培训过程中通过对特定"题目"的讨论、意见交换和提案,管理者之间达到**共通意识**,而回到工作中,管理者又通过对部下培训教育将共通意识传达给企业内部其他员工。如此反复,K社完成了"个人学习→交流、达成共通意识→组织内传达、学习→组织学习"的过程,也就是组织认知水平、能力水平的升级。横断型卖场变革之所以能够在各部门配合下顺利实施,就缘于各部门、员工对它的认同,只有从心里认同,才能积极地配合实施。

从个人学习,到组织学习,再到组织变革的过程中,有两个关键点(图8-7):一是企业安排管理人员或者员工接受培训,如果单纯是学完就完了,那么也只是个人知识或者能

超市攻略

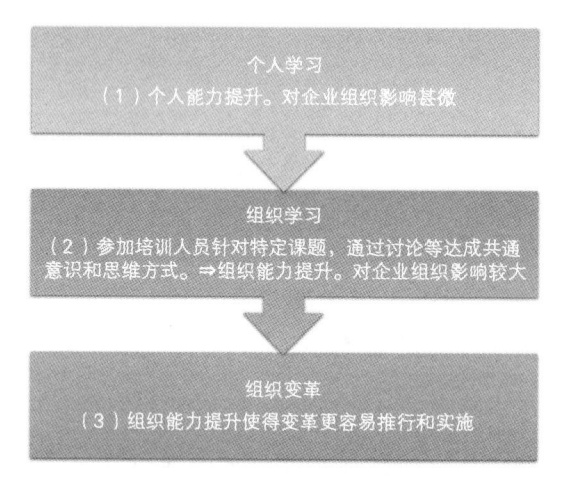

```
┌─────────────────────────────┐
│         个人学习              │
│ （1）个人能力提升。对企业组织影响甚微 │
└─────────────────────────────┘
              ↓
┌─────────────────────────────┐
│         组织学习              │
│ （2）参加培训人员针对特定课题，通过讨论等达成共通 │
│ 意识和思维方式。⇒组织能力提升。对企业组织影响较大 │
└─────────────────────────────┘
              ↓
┌─────────────────────────────┐
│         组织变革              │
│ （3）组织能力提升使得变革更容易推行和实施 │
└─────────────────────────────┘
```

图 8-7　组织能力提升路径

力水平得到提升，对企业管理水平的提升并无太大的帮助。和其他参与人员进行沟通、交换意见，甚至正反意见冲突的过程对于达成共通意识都是很有帮助的。组织层面的学习更多的是通过学习这个过程实现参与人员的有效沟通，特别是对于中高层管理人员达成对新思想的认可，沟通和共识才是最重要的。

二是管理层不仅要达成共识，还要将之推广到整个企业，这是组织变革能否成功的关键一步。组织变革过程中，往往会遇到较多的阻力，因为个人以及组织都会有"路径依赖"的心理，也就是抵触改变自己习惯的事务，对于已经形成的工作流程、工作习惯、工作方式不想做出改变。

在 K 社推行横断型卖场变革时，同样遇到了反对以及消极执行的店长。对此总部没有采取无视反对意见、强制实施的手段，而是通过区域经理和店长沟通让店长主动参与推行变革计划。日本超市大都设有区域经理或督导，他们通常被称为 SV（Supervisor），对于卖场变革计划 SV 会和店长进行反复沟通，在了解店长反对的真实想法和苦恼的同时，从门店业绩提升等角度说服店长并帮他们解决困难。SV 的主要工作是帮助门店更好地理解、执行总部的方针和各项企划，同时帮助门店找出问题，与总部沟通协调。K 社在此方面做出了非常大的努力，横断型卖场实施后在销售额和利润增长上都有明显提升，对此店长以及供货商都感到非常满意。

目前 K 社实施横断型卖场已经有 5 年时间了，对于横断型卖场管理也形成了自己独特的流程和沟通模式。起初的横断型卖场变革可以说是一个从个人学习到组织学习、提升组织能力的尝试，在 ICT 技术发展和社会环境变化的大背景下，今后还会尝试更多的挑战和变革。横断型卖场变革实践在为 K 社建立了信心的同时也积累了宝贵的经验，K 社商品部部长表示组织学习和变革能力才是他们的核心竞争力。

专题访谈：K社区域经理、商品部部长

在2019年3月底我们针对K社卖场变革的思路、计划、实施等内容做了专题访谈。以下为访谈实录内容，希望能为大家提供借鉴。

Q1：K社卖场变革的契机是什么？

答：我们是从参加经营管理学习班开始了解到横断型卖场的，是在参与第3期、第4期学习时有了这个想法。该想法源于伊藤洋华堂案例学习，同时参加学习的还有另外6家企业，大家在学习过程中集思广益并在讨论中整理出了这个方案。然后各个企业分别在自己的卖场中试行，也形成了自己独特的内容。而我们最早是从"女儿节企划"活动开始尝试变革的。

Q2：卖场变革是从什么内容开始的？具体是怎么做的？

答：我们在做卖场变革时，是从开展样本店交流会开始的。这个想法源于YB公司年末卖场陈列再现交流会，当时该公司的做法颇为成功，我们也想借鉴，所以就想先从这里试一下。

其实最初我们并没有想好实施方式，也没有做具体的设

第八章 超市变革的光和影

计，只是单纯地将年末卖场提前呈现出来给其他门店做参考，也就是先行动起来。后来在实施过程中，有人提出像年末和暑期促销等每年的内容都差不多，每次卖场呈现交流会都差不多的话并没有什么意义。所以我们认为不能只是模仿，而是需要改变。

在 2018 年末我们提前把和之前不同的地方重点标注出来，将商品和卖场陈列具体写在指导书上让大家去实施。但后来还是发现存在问题，如关于特卖品和促销 POP 等详细内容并没有做；再比如虽然各门店都做出努力，但还是没有完全如计划书那样呈现出来，因为总是有一些没有想到的问题，包括现在我们仍然要继续改善。我们的卖场变革就是这样一点一点在每次实施过程中发现问题，不断改进方法和内容。

Q3：横断型卖场变革实施时，遇到哪些问题？

答：卖场打破纵向品类布局，在商品呈现实施上出现了问题。比如在横向布局时各部门没有联合起来布置卖场，而是自己做自己的部分，好比让商品部生鲜品类负责水产的采购人员规划区域的话，出来的效果就是水产卖场，和其他品类商品融合效果不佳。针对这个问题，之前尝试让店长主导

219

卖场规划企划案，再与商品部采销人员及督导（SV）共同讨论决定相关商品和布局。

Q4：店长的权限范围内能做哪些事情？

答：事实上店长的权力是很大的，店长先做出卖场整体计划并对课长及店员提出指示和意见。首先店长会和各课长、店员沟通具体商品内容，有些甚至是店员提案的商品和组合；确定初步方案后采销人员也会和各课长交流，最终由店长和采销人员双方商讨确定方案并做出指示。另外，后期店长在提案落实上的作用也是非常大的。

Q5：各个部门是如何协调、共同完成卖场变革的？

答：刚开始只有商品部在行动，在变革过程中发现的上述各种问题让我们认识到其他部门参与也相当重要，所以后来的计划、实施、评价及改善是由商品部门、销售部门、营销部门共同协作完成的。这样可以有效避免因为单独部门提出企划案的话，有时该方案会和其他部门的想法产生差异。其实有很多超市也在实施横断型卖场，但因为各部门连携问题没做好，都不能完全将企划案的指导书呈现出来，这也是其他超市和我们的差距所在。

Q6：针对一项企划案，各部门的出发点不同，如何能做

到相互认同和协作呢？

答：商品部门、销售部门和营销部门的人员都参与过经营管理学习班的研修，因此在某种程度上想法和思维模式颇为一致，所以实践起来更容易，而且我们也形成了自己的特色。

虽然像我们这样的地方超市企业都有加入区域超市联盟和生活协同组合，但组合成员大多只是联合进货，该比例占到企业商品进货总额的两成，其余部分是地区特定商品占六成和企业独自开发的商品占两成。而且联盟和组合也并没有像研修一样针对某个主题来共同研究解决方案。

另外，个人学到的知识、技术如果不能成为共同认识，那么它并不能提升企业的整体水平，并不能成为企业的财产。所以我们认为从管理者到普通店员都需要知识共享，这样不仅有助于平级部门之间的沟通，还有助于部下理解接收到的上层管理者的指示。

Q7：对于卖场变革厂商的态度和反应如何？

答：厂商和我们的目标是一致的，都希望大量进货，然后商品大卖增收，并且能一直这样循环下去。其实在制作企划案时，大致可以判断哪些厂商会支持、它们能接受哪些条件、能给出多大支持等。厂商也有自己的考量，比如对各个超市方进货和促销数量的上限等，因此这是双方的博弈。我们当然希望得到更多厂商支持，并且希望下一个年度仍能合作，这样才能达到最佳效果。卖场变革的结果我们从数值上可以看出 PI 值的增加，对此厂商是满意的，而且有些厂商会希望参与更多的活动。

Q8：对采销人员来说工作中最难的部分是什么？

答：商品部的主要工作是决定商品的组合与种类的选择，促进商品销售的提案，经过交涉与提案决定商品的销售。采销人员是用自己的话术与厂商讨论提案的过程。随着竞争加剧和地区差别的扩大，对于地区商品口味的掌控比较困难。比如畅销商品的确定，需要事先与厂商讨论、先请他们围绕新主题做出商品提案，然后在部门门店试销售测定销售效果和顾客反应，反响好的商品则全面推行销售，反响不好的则开始进行新的尝试，如此反复没有间断。发现好的畅销商品是采销人员的价值和工作的意义。

Q9：（商品部长和生鲜商品采销负责人）在采销工作中，经历过什么失败和挫折是让你记忆犹新的吗？

答：我们的公司文化是勇于尝试和挑战，领导不会因为你创新失败了而责备你，但你什么都不尝试的话肯定会被批评，这是全公司的风气。包括我们在招募新人的时候也会把这个主旨传达下去，能认同的人才会选择加入。但这也因人而异，因为有的人就是不喜欢犯错，他们更喜欢听命令办事，不是说这样不好，只是各有各的长处。

我在以前的工作中有过失败，比如有一次我兴冲冲地向部长汇报一个我认为非常好的提案，结果直接就被否定了。但我没放弃，回去重新修改内容，另外对自己的表达方式等也做了检讨和调整，然后又去提案了，这次没有被拒绝。其实这样的事情发生过很多次，多到我都数不清了。

Q10：新潟县人口老龄化比较严重，针对老龄人口的增加，卖场做了怎样的调整和变化？

答：这也是我们今后要考虑的重要课题。目前针对高龄者的增加，我们在销售蛋白质商品的比例上做出新的提案，并且今后我们会重点关注以退休金收入维持生活的顾客群，增加他们的购买频率，希望能有好的提案。

02 八百幸的商品附加价值创造

1）八百幸的发展和经营理念

立志成为日本第一元气的八百幸超市成立于1890年，是一家有着131年历史的超市企业。企业起源于埼玉县川越市，最初是一家销售果蔬的个体商店，1957年转为公司经营并于次年开始导入自助销售转型为超市，1968年正式开始连锁经营模式。而连锁门店的1号店小川购物中心于1972年4月开业，1974年改组为现在的商号八百幸（yaoko）。

来源：八百幸官网（https://www.yaoko-net.com/corporate/）。

图8-8 八百幸超市

第八章 超市变革的光和影

八百幸连锁门店开展之初，主要以首都圈附近的郊县、东京多摩地区展开门店网络，逐渐扩展到群马县、千叶县、神奈川县及茨城县、栃木县等周边地区。2003 年八百幸推出新概念店狭山店开始对超市卖场进行转型。2010 年东京电视台报道中以"地方超市逆袭"对八百幸的成功案例进行报道。2018 年 2 月以推出"小型店"成城店为标志，八百幸开始在东京都心地区展开攻势。截至 2021 年 3 月，八百幸拥有门店 169 家，员工 15421 人，其中正式员工 3637 人，占比 23.6%，其余为兼职员工和小时工，2020 年度实现销售额 4872 亿日元（图 8-9）。

近年来八百幸销售额的不断攀升与对商品结构和品质的

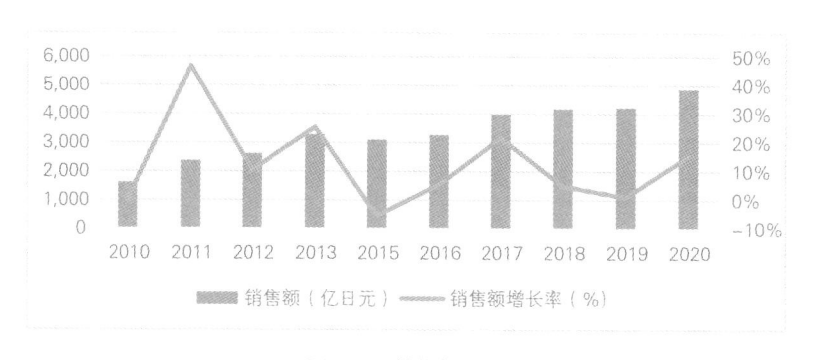

图 8-9 销售额增长

重视是分不开的。Soft Brain Field 公司的消费者调查显示[1]，2019年底新冠肺炎疫情暴发以来，八百幸凭借商品优势获得顾客好评，销售额不降反升，且增幅大于同业3家超市，原因在于生鲜商品的品质和熟食类商品的充实，同时良好的接客服务和门店气氛也是八百幸获得顾客青睐的原因。

另外，在对4家超市做品类品质对比时也可以看出，在生鲜三品、熟食和当地特色食材上八百幸明显高于其他几家（图8-10和表8-1、表8-2）。由此我们可以看出八百幸的经营思路是商品品质优先，而顾客对此的认知也是一致的。

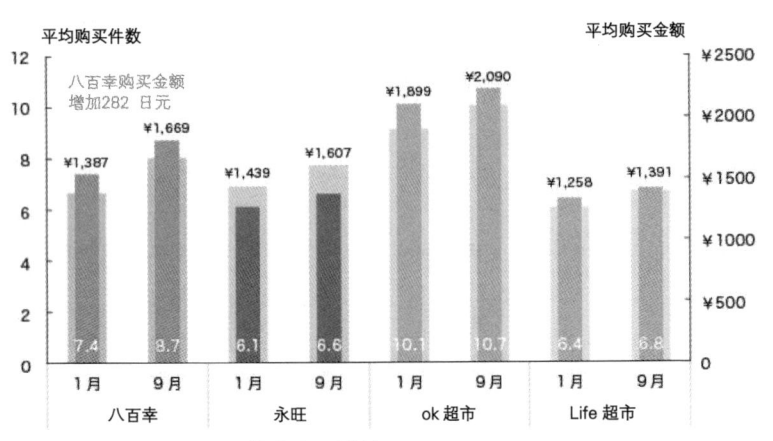

注：2020年1月和9月销售小票计算。

图 8-10　2020 年疫情下八百幸经营状况

---

[1] 调查期间为 2021 年 4 月 3 日至 4 月 5 日，针对该公司购买数据分析会员 3362 人调查得出分析结果。

第八章 超市变革的光和影

表 8-1 顾客日常在八百幸超市购物的理由

可多选	八百幸 N=73（%）	永旺 N=326（%）	Ok超市 N=201（%）	Life超市 N=122（%）
离家距离近	60.3	48.5	46.3	75.4
是自己经常购物的超市	57.5	55.2	36.3	47.5
商品构成好	37.0	45.7	27.9	44.3
有积分或有特惠服务	31.5	25.5	10.9	23.8
生鲜食品鲜度好	31.5	11.3	12.4	19.7
有停车场	20.5	19.9	12.9	13.1
店铺氛围好	20.5	6.1	7.5	10.7
便宜	15.1	15.0	84.6	13.1
熟食种类丰富	15.1	4.6	7.0	10.7
店员接客服务好	12.3	3.1	7.0	6.6
自有品牌好	11.0	23.6	2.5	13.1

表 8-2 与其他超市相比顾客觉得八百幸的优质商品品类

可多选	八百幸 N=73（%）	永旺 N=326（%）	Ok超市 N=201（%）	Life超市 N=122（%）
肉类	41.1	31.3	50.2	39.3
鱼类（对生鲜三品满意度高）	31.5	24.8	19.9	24.6
果蔬	30.1	28.5	26.4	35.2
加工食品	26.0	23.0	41.3	17.2
熟食类	24.7	21.2	31.8	26.2
当地蔬菜和特色食材	19.2	16.0	5.0	16.4
酒类	11.0	15.3	35.8	16.4
冷冻食品	9.6	25.5	47.8	13.1
零食点心等一般食品	8.2	23.9	50.2	16.4
甜点类	5.5	14.1	18.9	13.1

来源：diamond chainstore 新闻 "从销售小票中看八百幸在新冠肺炎疫情下业绩提升的理由"（2021年5月7日）。

接下来我们详细分析八百幸是如何定位经营理念、经营战略并同时有效地传达给顾客的。

经营理念：通过让生活者的日常消费生活变得丰富充实，对提升和发展地域文化做出贡献。

训诫口号：只有明朗的人生才能打造明朗的门店。它包括三层含义：打造让顾客欣喜的可信赖的商品、诚心服务顾客拥有奉献之心、培养身心健康微笑行动的员工。

经营方针：打造成为丰富、快乐的饮食提案型超市，它包括"挑战""感谢""健康"三个含义。

运营方针：作为连锁店的门店独特经营、全员参与团队合作、彻底推行现场主义。

从八百幸的经营理念、经营方针和运营方针我们可以看到它的一贯性，经营理念明确了企业的目标和方向，而经营方针和运营方针则是对它具体的诠释，从中我们可以看到八百幸对"顾客"、"员工"和"社会责任"的重视。下面我们分别从这三个维度分析八百幸所做的努力（图8-11）。

首先是"顾客"。八百幸把顾客称为生活者，其实不只是八百幸，很多超市都已经意识到这一点：顾客或者消费者

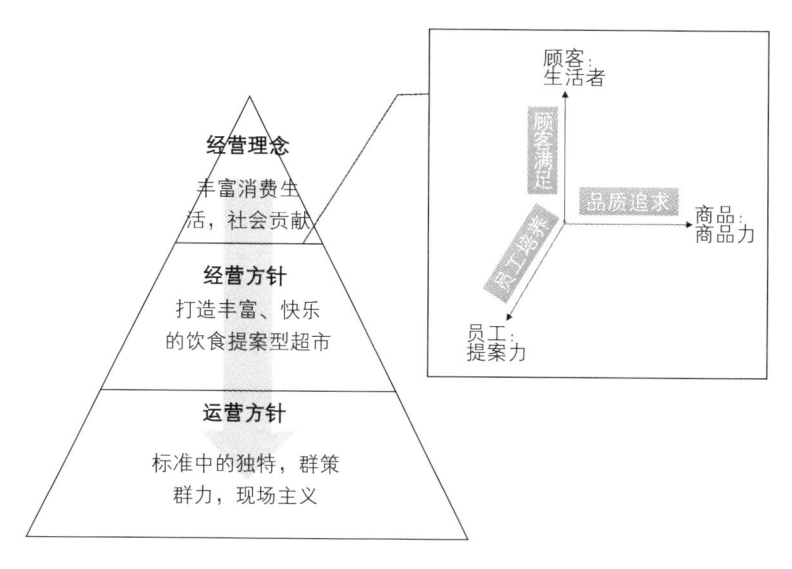

图 8-11 八百幸经营理念

只是单纯地强调客人是来门店购买和消费的人；而生活者则是说客人不仅是来消费的，他还是一个有着多样的需求、多样的价值观和多样的生活方式的个人。因此，要获得生活者的支持，就需要从生活者的角度出发，提供给他们所需要的商品和价值，想顾客之所想、急顾客之所急，同时将这种精神融入日常工作中。这也是八百幸一直秉承的创业精神。八百幸的初代创始人 KAWANO Tomo 在八百幸创业之初对顾客服务和顾客满意有着很深的执念。比如在现任会长川野幸夫的讲述中，就有过这样的故事。

"母亲开车带着当时还是青年的川野会长在等红灯时，偶然看到一位提着八百幸购物袋的女士，于是母亲就把车停到旁边，下车特地去感谢那位女士。母亲当时对她说'我是八百幸的员工，感谢您一直以来对我们的支持'。还有母亲会去询问顾客'八百幸员工的服务态度怎么样'，如果顾客回答'一般'，母亲会觉得顾客肯定是因为在某些方面不满意才会这么说，然后母亲就会自己去找顾客道歉。"

其次是对于员工的包容和培养。八百幸经营管理层充分认识到了人的重要性，因为不管是门店接客服务，还是商品创新都要靠人来实现。这里我们导入满意度循环（Satisfaction Cycle），如图8-12所示，企业的最终目标是对社会和区域经济做出贡献进而提升社会满意度，那么它的实现是基于顾客满意度的提升，也就是要获得顾客对企业的认可和支持，对此八百幸能很好地挖掘顾客需求并提供顾客所期待的商品和价值，另外就是店员的优质服务。

超市在增加与顾客的触点上不遗余力，那么如何才能促使店员积极地、热情地为顾客服务呢？其关键在于店员本身是否从企业以及工作中得到满足。

试想如果店员心情不好，那么很难想象他在接待顾客时

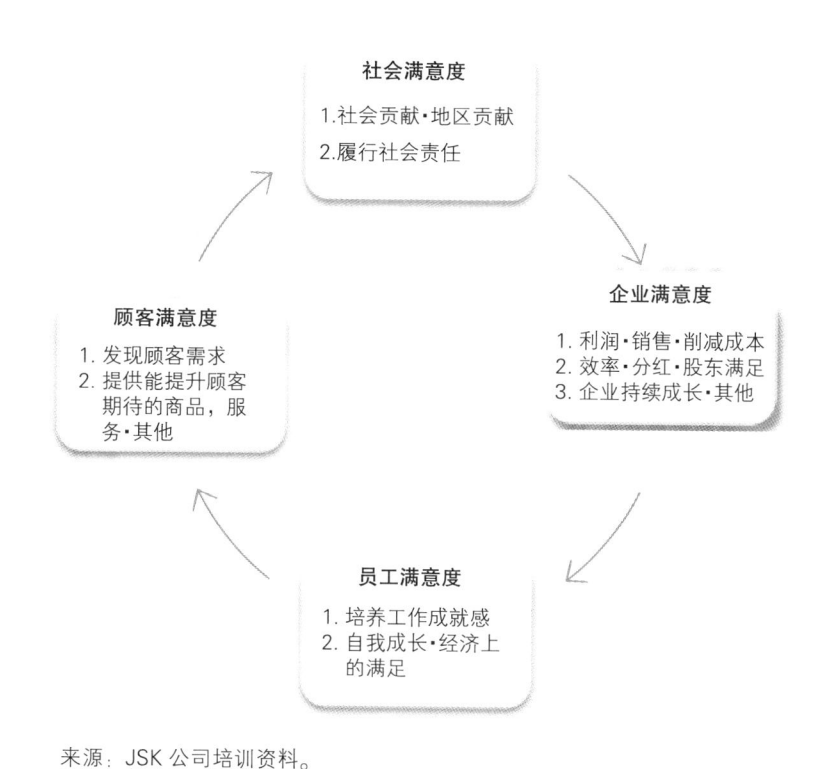

社会满意度
1. 社会贡献·地区贡献
2. 履行社会责任

顾客满意度
1. 发现顾客需求
2. 提供能提升顾客期待的商品，服务·其他

企业满意度
1. 利润·销售·削减成本
2. 效率·分红·股东满足
3. 企业持续成长·其他

员工满意度
1. 培养工作成就感
2. 自我成长·经济上的满足

来源：JSK 公司培训资料。

图 8-12 满意度循环

能发出善意的问候并提供微笑服务。因此作为企业的管理层在激励员工提升工作热情时，需要考虑经济和精神两方面。正如马斯洛需求层次理论中强调的，作为独立个人，只有在满足基层需求后才会追求更高级的精神满足和自我实现目标。对此八百幸在人才培育上有着独到的见解和完善的培育体系，我将在之后进行详细介绍。

再次是商品。零售商不像厂商有自己的工厂、生产线和品牌，对于零售商来说，商品选定、加工处理、陈列配置以及员工服务等一系列内容组成的**零售品牌价值**才是自己的核心竞争力。

零售商的商品主要是指"商品力"，它包括商品的企划和提案能力两方面。八百幸会长川野幸夫对于商品的见解是，超市中销售的商品主要分为每日生活所需的"日用品"和让饮食生活丰富多彩的"呈现生活方式的商品"。两种类型商品的特点不同，所以需要采取不同的营销战略。

对于日用品，顾客在日常消费中十分重视商品价格，所以八百幸会最大限度地满足顾客对价格的诉求。而对于呈现生活方式的商品来说，相比于价格顾客更重视的是品质和商品所带来的价值。通常情况下，超市通过低价商品吸引顾客，进而带动高利润商品的销售；而八百幸刚好相反，**它把呈现生活方式的商品定为魅力/核心商品，以此吸引追求生活品质和健康生活的顾客，让顾客在购买核心商品的同时顺带购买价格低廉的日用品。**

早在2003—2006年中期经营计划中八百幸就提出"向顾客传达饮食生活的快乐"这一生活提案型超市的基本目标。

在当时超市纷纷实施价格竞争的时候，八百幸并没有盲从，而是清楚地认识到未来才是超市竞争的开始，超市真正竞争的内容不是价格，而是**集成生活方式和为顾客提案**。正因如此，十几年的调整和努力让顾客对八百幸有了全新的品牌印象，那就是品质生活的八百幸。

在2022—2024年的中期经营计划中，我们能看到八百幸采取的是一贯的精耕细作的模式，强化核心竞争力和商圈占有率仍是未来2年的目标，而营销战略实施的重点是：①提供优惠价格，包括对有孩子家庭的支援和商品强化以及各地区每日低价商品的促销；②强化各个门店的销售能力，特别是提升区域经理和门店店长的运营能力，同时通过激励员工实现全员参与和销售能力提升，另外以顾客视角打造魅力卖场也是运营能力的一部分；③强化独自商品的商品开发拓展能力，其中生鲜和一般食品是商品开发的重点品类，同时通过日配和生鲜配送中心机能强化，实现相关品类的生产—配送—销售一体化（SPA）；④提高经营管理效率，特别是通过自动订货系统导入和建立生鲜配送中心实现供应链管理效率化，同时精简总部职能支援体系。通过以上4项重点工作，力争实现到2024年集团5156亿日元的销售额目标、4.6%的利润率[1]和 10% 的资本回报率。

为了实现该目标，八百幸做了哪些准备和努力呢？我们分别从经营管理强化和人才培育体系两方面来分析。

2）经营管理强化

关于八百幸经营管理强化，我主要从经营和管理两方面来讲。经营的出发点是提升商品价值和销售，对此我们从它如何给顾客提供商品和饮食提案来看；而管理的出发点是效率、效果的统合，因此我们看它的价值链和店铺转型。

经营强化之一：为顾客提供饮食提案

对于饮食提案我们并不陌生，近年来赴日考察时经常可以听到看到，提案管理和各个门店的经营水平有很大关系，各个超市也都有自己的特点。八百幸主要通过以下三点来阐释自己的饮食提案。

首先，设立开放式厨房。在八百幸的卖场中我们可以通过透明的玻璃看到水产卖场背后的鲜鱼加工间，里面会有店员分解鱼身、处理、装盘等现场制作的全过程。我们大都知道这是超市为了让顾客看到商品的新鲜和加工过程的卫生而

---

[1] 此处利润率指标为剔除经营管理成本和营业外损益后的利润部分。

有意为之，而且很多超市已经学到了，也都有自己的开放式厨房。但对八百幸来说这只是原因之一，另一个关键原因在于还原传统商业销售模式。

比如在现代化超市出现以前，顾客是在路上的鱼店、菜店等购买食材，在买东西时，顾客可以看到店员后面的操作台，可以和店员聊天对话，因此可以说店员和顾客彼此熟知，商店和顾客的买卖关系因为交流得到维系。而超市的出现将多种商品集中销售，在方便顾客的同时大大削弱了门店和顾客的日常交流，门店和顾客也就只是单纯的买卖关系，你卖的商品新鲜、便宜顾客就来买，你的对手卖得便宜，顾客就会去对手门店买，对于维系顾客没有任何帮助。同时，随着人口年龄的增加，年青一代不擅长调理烹饪，有些顾客甚至不知道鱼类该怎么做、怎样做才好吃等。

针对这些顾客需求，八百幸希望通过开放式厨房，一方面让顾客看到现在超市的专业性，另一方面增加员工和顾客的会话和交流，让顾客在现代化超市中也能体会到传统商店的味道，而不是一道冰冷的没有感情的墙。这是八百幸建立开放厨房的初衷。从中可以看到，八百幸的出发点是顾客，顾客需求决定卖场的一切。

来源：diamond online 新闻（2019年12月4日）"八百幸中央店报告"。
图 8-13　八百幸水产/熟食区开放式厨房

其次，导入店内烹饪支援区域（Cooking Support Conner）。实际上最早开始店内烹饪支援的超市是伊藤洋华堂，自1999年开始伊藤洋华堂尝试推出每日餐桌一道菜品的提案，并起用营养师作为烹饪支援负责人，经过二十余年的探索已经形成成熟的模式，目前将近七成的门店都设有专门的烹饪支援区域。而从八百幸企业年报来看，2011年也开始设置店内烹饪支援区域（图8-14），虽然导入时间相对较晚，但八百幸通过店员按照季节时令为顾客提出每日菜肴推荐的同时，积极指导顾客调理烹饪方法，让顾客将美食的制作方法告诉身边的朋友和邻居等增加与顾客之间的话题和交流，逐渐形成了自己的独特风格。

作为提供每日食材的超市，仅仅提供便宜且优质的商品是不够的，替顾客"排忧解难"才是八百幸开展烹饪支援的初衷。特别是在经济不景气外食减少的时期，在家做饭（内食）比例增大，帮助顾客变化每日菜肴增加饮食的乐趣非常重要。

而对于烹饪支援活动，最主要的推动人员是各门店店员甚至是兼职人员和小时工。特别是兼职人员多为当地主妇，对周围饮食信息、特点、需求非常了解，而且她们有很丰富

来源：流通新闻（2019年6月13日）"八百幸付费料理讲座，导入享受八百幸厨房"。

图 8-14　店内烹饪支援

的生活智慧和小窍门，由她们来负责的菜单提案更能引起顾客的共鸣、达到更好的效果。另外，八百幸会每月推出烹饪支援杂志，专门介绍应季食材的烹饪方法和步骤，同时针对不同时期提供健康资讯（图 8-15）。

第八章　超市变革的光和影

来源：八百幸官网。

图 8-15　烹饪支援杂志电子版

239

再次，为了增加门店和商圈顾客的交流，2019年八百幸导入"享受八百幸厨房"的付费料理讲座活动。其实之前八百幸就有非定期讲座的活动，出于活动时间不固定等原因，和顾客交流并没有达到很好的效果，因此八百幸开始导入定期的料理烹饪讲座，力图增加与顾客的联系。

该活动的内容是每月实施2次，每次参加人数最多16人（上、下午各8人），每名参加者每次需要支付500日元（相当于30元人民币）的参与费，而实施地点就在八百幸店内饮食区（图8-16）。该活动的负责人是"店内烹饪支援"的员

来源：diamond chainstore 新闻（2019年7月4日）"防止顾客数减少！八百幸川越今福店实行2项区域扎根项目"。

图8-16　享受八百幸厨房活动（店内活动区域）

工，讲座的内容丰富多彩，包括应季食材的烹饪、健康菜肴的制作方法等。另外，为了增加活动魅力，八百幸也会聘请社外人员，比如烹饪专家和食品厂家的员工来给顾客讲解。目前八百幸已有2家门店开始试行这一项目，对于该活动能带来哪些成果仍在考察中。

经营强化之二：独自商品开发和自有品牌

八百幸在商品战略上采取的是差异化战略，通过产地直采开发独自的商品以及培育自有品牌来实现和其他超市企业的商品差异化。商品差异化战略的优势在于一方面可以避免商品同质化引发的价格竞争、损耗企业利润；另一方面可以稳固自己的忠实顾客群，降低顾客流失的比例。

关于开发产地直采商品，八百幸的做法是通过和当地农户签订自产自销协议，由农户直接为超市供货。事实上日本农林水产省的调查显示，目前日本超市中销售的生鲜商品有七成来自各地区的中央批发市场，其余部分是餐饮外食及产地直销等，这和传统日本食材流通渠道和流通构造相关。

近年来随着零售商的后向整合以及对商品品质的追求，为了保证生鲜商品的口感和鲜度，很多超市采取直采的方式，也就是不通过批发市场进货，而是从农户直接运送到超市。

这样做的好处是大大减少了商品流通时间和中间商的交易，进而对保持商品鲜度和提升利润有很大帮助。特别是对商品鲜度的提升直接关系到卖场中商品的状态、口感和品质。

其实果蔬类植物在收获以后仍然保持"呼吸"，它和人一样吸收空气中的氧气而排出二氧化碳，而且叶菜类植物的二氧化碳排出量会较大，因此降低果蔬的运输时间对商品品质的提升有较大作用。

另一个关键因素则是运送过程中的温度，日本物流行业在冷链运送上做了很大努力和突破，特别是预冷技术的应用，使得果蔬在运输过程中仍然保持低温，最大限度地减缓了植物"呼吸"的频率，通过实验显示全程采用预冷技术运送的玉米甜度会高于常温运送。知道这一点我们就能理解直采对于商品品质的意义。

我们在超市卖场能看到各种"产地直销""地产地销"的区域，该区域的商品都是由当地农户当天采摘提供的，虽然和大宗采购商品相比，商品的外形不甚均匀（大小、形状各异），但它的价值在于新鲜。有些蔬菜如白萝卜、大葱等会带泥销售，这似乎可以让顾客感受到农户从地里采摘的过程，传达农户耕种培育和采摘的信息。同时我们可以看到商品包装袋或宣传看板上绘制了农户的信息和照片（图 8-17），也加大了顾客和农户的亲近感，这对顾客消费过后满意度的提升有很大的促进作用。

来源：八百幸官网相关资料。

图 8-17　产地直采蔬菜销售区域示例

2017 年八百幸设立小川贸易公司，专门负责采买海外进口商品，将海外的优质商品"直采"给顾客，缩短供应链的同时扩大健全自身的商品采购体系。目前海外直采商品主要是酒类以及调味料和海外特色食材。

接下来我们看看八百幸的自有品牌。自 2013 年起八百幸着力推出自有品牌，先后推出了常规商品"Yes!"、和 Life 超市联合开发品牌"Star select"以及追求高品质商品的"Yes! Premium"，各品牌定位及商品特点见表 8-3。

表 8-3　自有品牌现状

自有品牌	品牌 Logo	品牌定位	商品品类	商品数量
Yes!		常规商品	一般食品，加工食品，杂货	540
Star select		结合两公司优势资源打造的自有商品	一般食品，加工食品	172
Yes! Premium		精选"原料""产地""制法"，追求更高品质	一般食品，加工食品	207

注：截至 2021 年 7 月末。
来源：八百幸官网。

从顾客对商品的诉求上将自有品牌商品线划分为常规商品，也就是追求品质保证下的优惠价格；而以高品质定位的特选商品则是追求商品的食用感受，它很好地诠释了八百幸的经营理念。

八百幸对于商品品质的追求是非常执着的，如日本的著名小吃红豆糯米包在各大超市的熟食中均有销售，顾客通常会买来作为下午茶或饭后甜点，是一款购买频率非常高的小吃。八百幸员工听说东北地区的仙台有一家小型超市卖的红豆糯米包口碑很好、非常受顾客喜爱，因此社员和兼职员工就去当地学习它的制作方法并将之带回到本公司制作销售。

而且针对这项制作手艺，八百幸在员工内部推行自己的制作鉴定，只有通过鉴定的员工才能制作红豆糯米包。除此之外，针对天妇罗、生鱼片等商品制作也同样推出鉴定评价方法。由此可见，八百幸对商品品质和口感的追求是非常严苛的。

管理强化之一：优化价值链

前面我们提到保证生鲜商品品质的重要工作之一是物流配送，物流配送对于商品的意义不言而喻。这里要说的是八百幸向顾客承诺的提供优惠商品和它的区域集中化配送战略是分不开的。

目前八百幸有5家独立物流配送中心，分别是狭山、熊谷、千叶、伊势崎和横滨配送中心，几乎覆盖了埼玉、东京周边等地区。区域集中配送的优势在于提升配送效率，特别是在车辆和配送人员的工时管理上达到最大限度的发挥（图8-18）。在因人员减少各行业均面临就业人员不足的情况下，物流成本高企是物流配送行业面临的课题。对此八百幸物流中心集中为区域内169家门店提供商品物流解决方案，实现企业配送效率最大化。

另外，除了商品的运送，物流中心还承担了部分商品流通加工的功能和自有商品的开发（图8-19）。

超市攻略

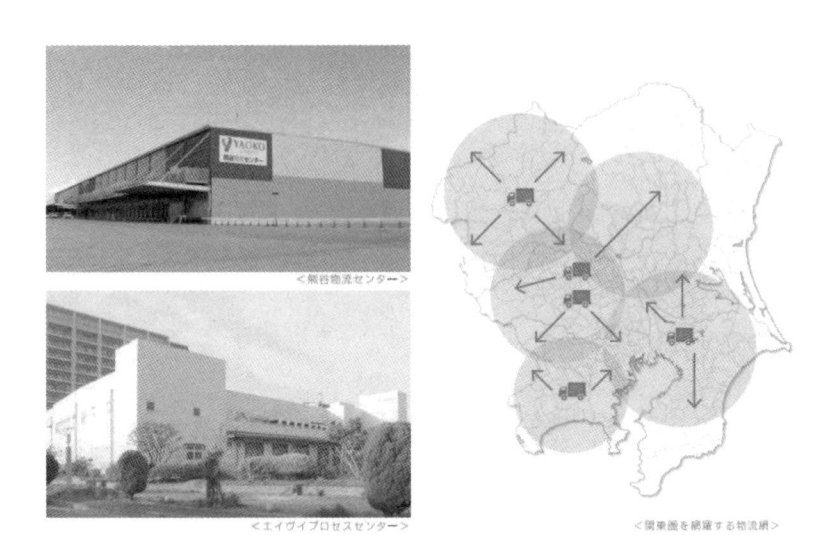

来源：八百幸公司年报。

图 8-18　八百幸物流网络

来源：八百幸公司年报。

图 8-19　配送中心加工间

通常情况下流通加工是由门店加工间和配送中心加工间分担完成的。在门店加工间加工的好处是可以根据商品销售情况调整加工数量，同时加工后立即陈列到卖场中，能很好地呈现商品的状态；劣势是加工成本高，需要对门店加工操作人员进行培训。

而在配送中心加工，可以实现大规模集中加工，降低单品加工成本，但加工后运送到各门店对商品的品质维持有更严格的要求。因此，超市通常是根据品类品种来衡量商品加工需求，选择门店或配送中心的加工间。

除了拥有自己的配送中心，八百幸通过价值链整合努力实现上游食材保证。随着日本少子高龄化的日益严重，未来农作物耕种收获可能出现短缺，对此2016年6月八百幸推出"八百幸农场"项目，通过和当地农户的连携建立自己的农产品供应网络，以此为顾客提供稳定的、安全的、新鲜的蔬菜，同时为农户提供稳定的收益，实现对社会可持续发展和地区居民的贡献。

如图8-20所示，之前的农产进货模式是农场和超市分离，农场主自主种植蔬菜、设施内栽培，后通过农产品协会或超市将蔬菜投放市场。"八百幸农场"项目实施后，模式上

超市攻略

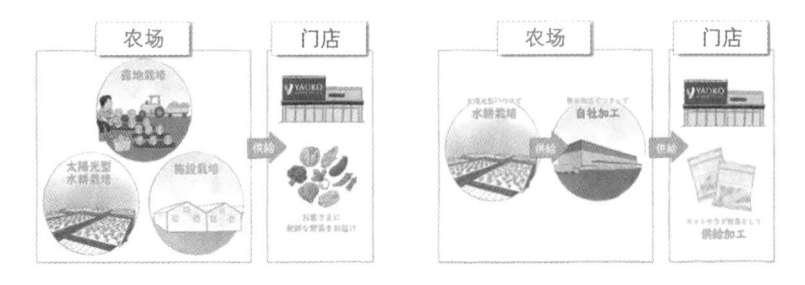

来源：八百幸官网。

图 8-20　八百幸农场项目模型

有很大调整，八百幸通过后向渗透和整合，参与到农场种植和栽培中，收获后将蔬菜运送到配送中心统一加工处理后分销到各门店。八百幸新人员工以及商品部果蔬采购人员都需要进行农场体验和相关商品知识学习，这有助于采销人员加强对商品的了解和熟知度，对今后果蔬类商品的采购起到长期积淀的作用。

八百幸农场主要分布在狭山和熊谷配送中心附近，这有利于缩短从收获到运送到加工地的时间，提升加工管理效率。农场种植按照蔬菜生长周期充分利用土地资源播种蔬菜，保证日常顾客购买较多的蔬菜品种（图 8-21）。

管理强化之二：小型门店转型

2017 年 11 月八百幸成城店开业，一度成为日本零售业界

第八章 超市变革的光和影

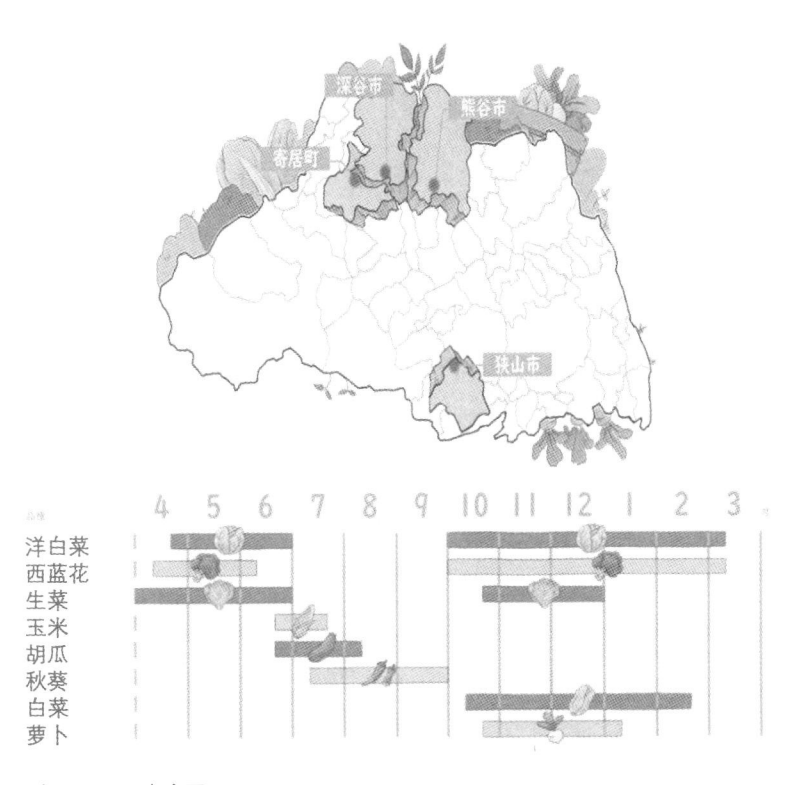

来源：八百幸官网。

图 8-21 八百幸农场分布和蔬菜收获周期

的话题。该门店标榜都市型小型店，是八百幸推出的第一家小型店业态。该门店距离东京都心 20 千米，门店面积 962 平方米，停车场最大驻车 24 台，有自行车停放处，门店位于京王线仙川站和小田急线成城学园前站正中，附近竞争对手有西友和食品馆青叶 2 家食品超市。

249

门店商圈人口为 500 米内 3900 户、8600 人，1 千米内 1.6 万户、3.5 万人，2 千米内 7.9 万户、16.9 万人，且商圈附近集合住宅较多，居住人口每年均有增加。商圈顾客特征明显，消费客户以 40 多岁中年为主，住户结构以单身家庭居多，其次是 2 人家庭。

作为八百幸新业态的小型店启用新的 LOGO，融合了八百幸 YAOKO 的"Y"和强调食品素材的"ソ"（日文假名）2 个元素，突出小型店的特色、食材的鲜度和应季生鲜食品的美味。

来源：八百幸官网。

图 8-22 八百幸 LOGO（左：一般店；右：小型店）

从门店布局和商品特色来看，以往的郊区门店面积较大，多为 1650—1980 平方米，小型店面积只有以往门店的一半，商品数调整必不可少，但调整的重点不是单纯缩减单品数，而是要根据商圈需求突出重点，特别是通过商品体现丰富愉快的饮食生活提案。从门店布局来看，成城店的整体布局规划和大型店的最大差别是集约化布局，突出生鲜商品（果蔬、肉类、鱼类）和中食（熟食、便当等），缩小一般食品及杂货的陈列面积（图 8-23、表 8-4）。

另外，小型店成功的关键是增大投入产出比，也就是相对于较高的租金和人员成本，如何提高单位面积的销售额和利润，如何提升顾客购买单价。

对此八百幸成城店的策略有二：一是通过陈列货架的调整，在增加商品数的同时减少商品数量增多带来的拥挤和压抑感，比如调味料端头陈列货架采用的是高背板货架，日配冷藏食品采用多段式冷藏货柜，同时为了节约电力成本，瓶装饮料冷藏货柜采用的是便利店多用的带门式冷藏货柜等（图 8-24）；二是提升商品力，增加商品附加价值和保持商品独特性。

成城店的商品品种和价格大多沿袭传统门店，但有一部分是成城店独有的，比如成城店会单独销售德岛县的"阿波尾鸡"，再比如鲜鱼卖场里会主打刺身和刺身拼盘，如刺身 4 件拼盘、6 件拼盘、10 件拼盘、大贯金枪鱼刺身、中贯金枪鱼刺身等品种丰富的商品线，同时熟食区对应售卖由鲜鱼部门负责制作的寿司，并根据顾客食用需求销售 10 贯、20 贯、30 贯等多样容量的寿司。

超市攻略

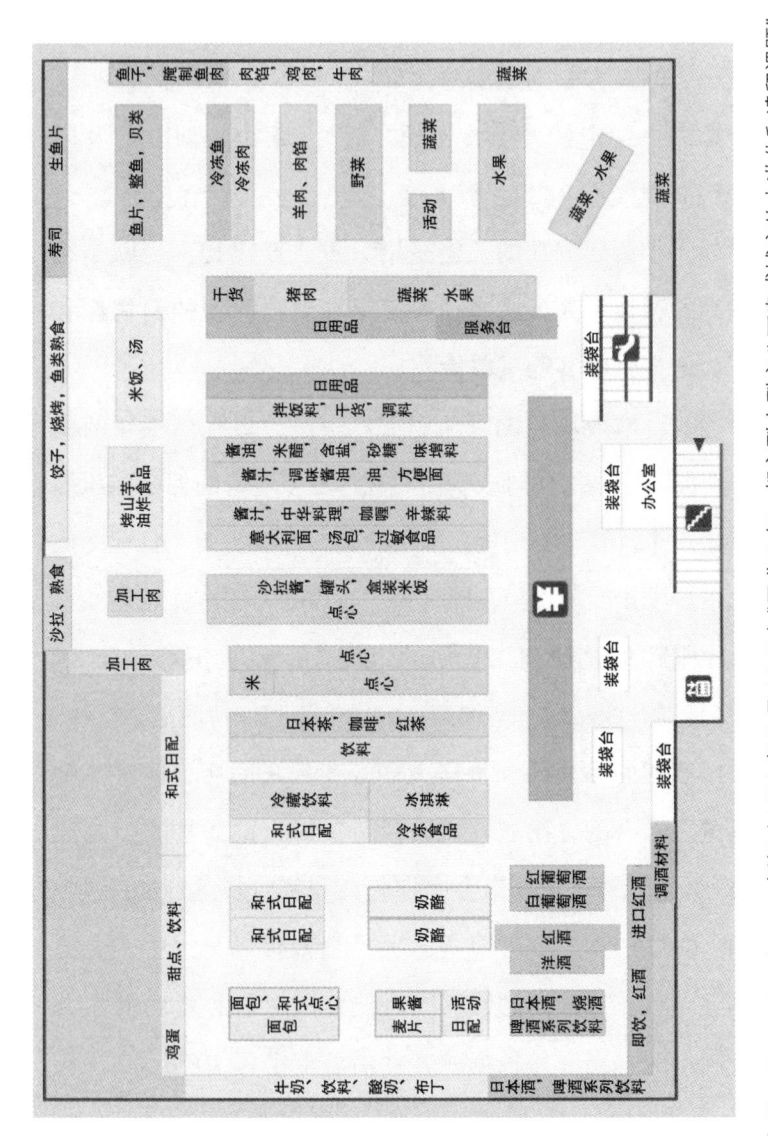

图8-23 八百幸成城店卖场布局

来源：diamond chainstore新闻（2021年2月10日）"开业3年 都市型小型店八百幸成城店的大进化和遗留课题"。

252

表 8-4 商品构成和单品计划

品类	销售额占比（%）	SKU 单品数
生鲜	50.2	750
中食	8.5	160
一般食品	41.3	7460
合计	100	8370

来源：流通新闻（2017年11月6日）《八百幸年销售额目标20亿　八百幸新开都市型小型店——成城店》。

图 8-24　成城店多段式陈列货架

还有就是该商圈特有的对酒类商品的需求，附近其他超市及百货商店多销售高级红酒，作为应对措施，成城店也对红、白葡萄酒做了精心陈列，除了体现原汁原味感的木箱货架外，门店同时销售法国进口葡萄酒和日本国产葡萄酒，满足不同顾客层对酒水口感的追求。同时配合红酒销售，附近区域推出不同口味的起司、生火腿等下酒食品，丰富酒水销售区。

超市攻略

来源：流通新闻（2017年11月6日）《八百幸年销售额目标20亿　八百幸新开都市型小型店——成城店》。

图8-25　成城店酒类销售区域（左、中：酒水货架，右：下酒食品）

事实上八百幸推出都市型小型店计划已久，早在2010年1月八百幸就曾推出所泽美原店作为标准小型店开发的实验店，但之后从企业开店战略上看，还是以传统的郊区型大型店为主，直到2017年推出的成城店取得了较好的业绩，之后2018年2月又推出了东松山新宿町店作为都市型小型店2号开张营业。今后随着东京都心人口回流，都心内超市小型店竞争会更加激烈，对此**争取优势地段、调整商品构成和提升商品力、提升人效和坪效是小型店亟须应对的课题。**

3）核心竞争力来自人才培养

除了差异化战略和经营管理强化，八百幸的另一项核心竞争力来自企业员工，也就是我们常说的人才培养。

八百幸正式员工（正社员）只占全体人员的23.6%，将近八成的员工都是兼职人员或小时工,除了雇佣形式差别导致工资和福利上的差别以外,八百幸对于兼职人员和小时工的管理几乎没有差别,相反因为兼职人员和小时工是直接接触顾客的一线员工,反而更应受到重视和尊重,八百幸的所有员工都被称为伙伴。对于员工的培养企业会花费大量的费用,包括给员工提供各种培训的机会以及支持员工考取各种资格证等。

这里不得不说企业对员工的投入源于日本企业的人事管理制度——终身雇佣制。这是日本企业人事管理的特点,一般是指新人在被企业雇佣后直到65岁退休会一直在企业工作。目前大多数日本企业仍然采取的是终身雇佣制,因此企业的发展和员工的成长是一体的,也就是我们常说的共存共荣。只有员工成长、员工的能力提升才能让企业壮大,同时企业发展壮大、成为行业领先企业才能为员工提供更好的平台和收入。长期来看,企业和员工的目标是一致的,这也是日本企业在国际竞争中保持强劲竞争力的根本,由此我们就能理解为什么企业会在员工身上投入很多资源。

八百幸对正式社员和非正式社员都有清晰的培训和职业生涯规划,图8-26所示为正式社员培育计划,其中包括图下方"对象职位"升级升职所需的年数和职位升迁等级，其中详细计划了一般员工虽然从第二年可以晋升为主任，但基础教育培训需要5年左右完成，而基础教育的内容在Off-JT（职场外培训）研修中明确需要完成8个科目，包括基础教育接待顾客和工作态度、组织运营、管理、设施管理、法律和事务、商品和卖场、数值管理以及营销。晋升主任后为一般管理职位，因此在接受管理者研修的同时，还需要参加技能提升培训，其中也包括海外研修等内容。从图8-26中我们可以看到，随着工作年限的增加，职位上升，需要接受的培训和责任也随之增大。

虽然大多数日本企业对正式社员都有自己详尽的培育计划，但对于非正式员工却没有投入太多资源，通常只是支付小时工资。因此日本的雇佣环境中正式社员和非正式社员的收入水平存在很大差距。但八百幸在人才培养上有自己独到的认识，在劳动人口减少、获得优秀员工越来越困难的背景下，八百幸川野会长意识到非正式员工的力量对八百幸的成长也是至关重要的。

和其他超市企业不同，八百幸对非正式员工也有完善的培育晋升体系。如图8-27所示，非正式员工也有机会晋升为

第八章 超市变革的光和影

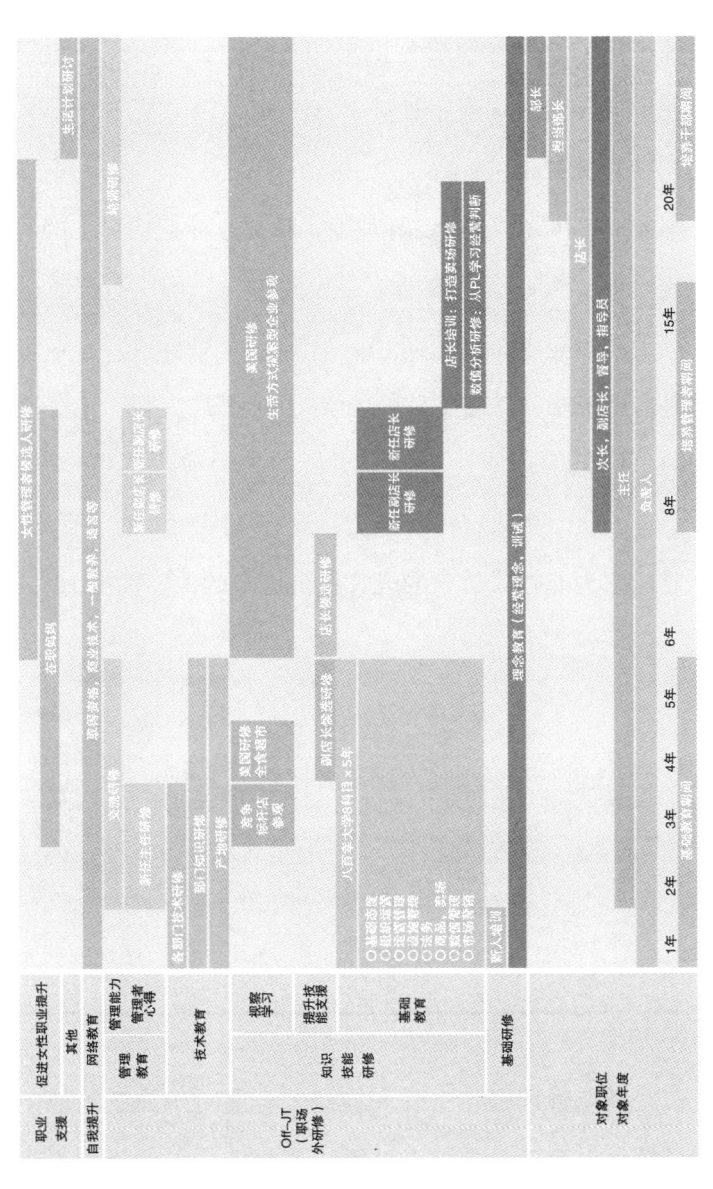

图8-26 正式社员培育计划

来源：八百幸官网。

负责人或主任，如果希望成为正式社员的话，也可以通过考核将雇佣形式转为地区限定社员（在一定范围内配合企业人事异动）或正式社员。

从图 8-27 中我们也可以清楚地了解对于非正式员工的升级和职业培训，八百幸也做出了很大的投入。用川野会长的话说，员工才是企业的核心价值，所有的商品价值、企业管理也都是需要靠员工来创造的。而对于非正式员工，正是因为他们的工资低廉才能让企业以更低的人力成本维持运营，他们对企业的贡献更大，没有他们就没有现在壮大的八百幸。因此企业愿意为非正式员工的成长提供更多的保障和机会。

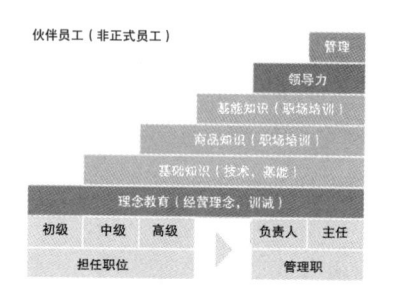

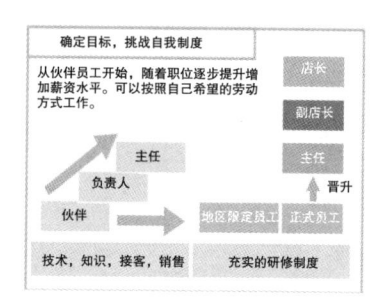

来源：八百幸官网。

图 8-27 非正式员工培育体系

之前在经营管理强化中我们提到，企业对于员工技能的提升和考核会设有考评等级，对于达到相应等级的员工不管是正式社员还是非正式员工，企业都会增发奖金。比如2007年营业利润率目标是4%，当年的实际利润率超过该指标，那超出的部分企业并无保留，而是全部用来回馈顾客和所有员工，因此几乎每年八百幸都会给所有员工发放金额不等的奖金。

除了经济上的褒奖，赋予员工更多的权利，为员工提供更多尝试的机会也是激励员工的重要手段。对此八百幸有"店内信息共享""成功事例发表会""海外考察"等激励措施，以调动员工的积极性。

比如"店内信息共享"是将每月、每周的销售额、利润目标等企业信息在店内公示，让所有店员都知道自己业务部门的业绩情况，以此让员工感受到自己的价值和归属感。

再比如日常工作中通过让店员负责菜单提案和具体实施，激发员工的主动性和自信心。对于好的提案或案例，在每月一次的全公司"成功事例发表会"上，由全门店挑选出9个组的店员来做15分钟的事例分享。会议参与人员不仅有各店店长，还有各职能部门负责人以及企业董事。对于能被选为分享成功事例的员工来说，是非常大的荣誉和激励，而其中优秀的店员还有机会参加赴美超市考察，作为嘉奖和激励。

以上我们对两家超市企业的经营管理做了详细的介绍和分析，对于今后日本超市行业的未来各企业仍面临如人口老龄化、数字化、社交网络化和需求多样化等课题，对此超市的组织学习能力和革新能力是关键。尽管如此，日本超市的过往对发展中的中国超市企业来说仍有很多值得借鉴、学习的地方，除了我们看到的卖场和商品管理，**组织学习和能力提升以及面对市场环境变化如何从组织层面做出调整更值得关注**。

后 记

超市卖场经营以及商品化管理是一项非常系统的工作。虽然超市运作体系及日常管理工作是有标准化范式的，但流程体系、管理标准还是源于知识创造，也就是企业员工的创造力。而这种创造力也是有迹可循的，它就是我们说的顾客视角，特别是一线员工在和顾客的日常接触中发现更多的顾客需求，通过这些需求来改善日常工作效率，同时帮助顾客挖掘潜在需求并将其转化为商品或服务。

在网购、社区团购的攻势下，脱离零售实体店经营本质，一味跟风销售、低价竞争对企业本身并没有益处，特别是对企业利润增长无益，甚至会因内耗而给企业带来损失。因此，超市企业应该明确定位，通过中食、生鲜商品的品质管理建立起自身差异化的竞争优势，并以此为出发点将核心竞争力内化，从本质上提升企业能力。

本书是对日本超市的经营管理和行业动态进行的系统介

绍，希望大家能看到卖场背后经营管理的本质和管理者所做出的努力。要知道所有的事情都不是一蹴而就的，需要长期的学习和积累。希望本书能为中国超市经营管理者解惑并给大家带来更多的启发与思考，同时欢迎零售领域学者、专家以及从业人士对本书提出宝贵意见，期待今后和大家进行更多的交流。